"名家名篇进校园"系列

写人叙事散文选·小学卷

主　　编◎高长梅

分册主编◎潘　佳

花山文艺出版社

图书在版编目(CIP)数据

名家名篇进校园系列.写人叙事散文选.小学卷/高长梅主编；潘佳分册主编.-- 石家庄：花山文艺出版社，2012.12(2021.7重印)

ISBN 978-7-5511-0775-4

Ⅰ.①名… Ⅱ.①高… ②潘… Ⅲ.①阅读课－小学－课外读物 Ⅳ.①G624.233

中国版本图书馆 CIP 数据核字(2013)第 000636 号

丛 书 名	名家名篇进校园系列
丛书主编	高长梅
书 名	写人叙事散文选·小学卷
分册主编	潘 佳

策 划	张采鑫
责任编辑	卢水淹
责任校对	齐 欣
特约编辑	李文生
全案设计	北京九洲鼎图书有限公司
出版发行	花山文艺出版社（邮政编码：050061） （河北省石家庄市友谊北大街 330 号）
销售热线	0311-88643221
传 真	0311-88643234
印 刷	永清县晔盛亚胶印有限公司
经 销	新华书店
开 本	700×1000 1/12
字 数	114 千字
印 张	13
版 次	2013 年 5 月第 1 版 2021 年 7 月第 2 次印刷
书 号	ISBN 978-7-5511-0775-4
定 价	36.00 元

（版权所有 翻印必究·印装有误 负责调换）

目录

第一辑　我爱爸爸妈妈

母亲，请站在原地等我　　洪烛　002
母亲　[蒙古]色·额尔德尼　照日格图/编译　004
爸爸的天空　　叶梦扬　007
我给妈妈画衣裳　　张海迪　008
爸爸　[阿尔巴尼亚]斯巴塞　郑恩波/译　011
父亲　　苏童　014
厨房中的父亲　　黄振伟　015
母亲，一本写不完的书　　肖复兴　019
富翁老母捡垃圾　　施翼　021
摔碎的心　　冰雪女孩　024

第二辑　最熟悉的人

二哥福海　　老舍　030
卡秋莎姨妈　　萨娜　038
奶奶的手　[韩]李美爱　佟晓莉/译　040
骑着单车的父亲　　俞晴　042
18岁的姐姐　　毕淑敏　044
我们家的男子汉　　王安忆　047
我有一个初中学力的老师　　童天红　051
我肯定能行　　刘艺　053
梦里有你　　赵悠燕　057

第三辑　纯真的笑脸

很久很久以前，有一个小姑娘　　陈祖芬　062
女孩，女孩　　薛健　064
配钥匙的孩子　　石和平　065
豌豆上的公主　　[丹麦]安徒生　067
未长开的凯瑟琳　　圣桥　069
一个普通的孩子　　史伟峰　073
渔家小孩　　[爱尔兰]贡纳尔·贡纳尔逊　照日格图/编译　074
他只是个小男孩　　[美]鲍伯·福克斯　077

第四辑　是谁感动了我

陈光标：向生命施爱　　何建明　080
大山里来的小女子　　廖华歌　085
记忆中的一位少女　　洪烛　088
一个老人的问题　　[埃及]穆·阿里　张亮/译　091
怀念14岁的一辆自行车　　玄圭　092
长大后我就成了你　　蒋静雅　095

第五辑　我眼中的他们

沉船上的父亲　　黄宗江　100
卖花婆婆　　孙建平　103
卖酱油的老人　　冯慧莲　105
母亲　　王祥夫　107
扫街人　　古剑　109
收字纸的老人　　汪曾祺　111
为人效劳的人　　[阿富汗]乌尔法特　董振邦/译　113
艺术家剪影　　[法]普鲁斯特　张小鲁/译　114
59美元的尊严　　胡晓华　115

目录

第六辑 精彩一瞬间

擦皮鞋的母亲 　施泽会　120
辰河小船上的水手 　沈从文　122
卖哨子的男孩儿 　兰心　129
新结识的伙伴 　阎纯德　131
爷爷和偷诗的小丫头 　聂华苓　134
月下桨声 　韩少功　137
中国少女 　陈丹燕　142
沙滩 　废名　147

第一辑 我爱爸爸妈妈

 ## 母亲，请站在原地等我

这些年来，在我心目中，母亲简直就是故乡的一部分。我炊烟般袅袅升起的乡愁，最浓郁最无法割舍的一缕是属于母亲的。从18岁开始，我就多了一重古典气息浓郁的身份：游子。但在现实中，这种身份简直决定了一个人的命运：断线的风筝？无根的浮萍？抑或四海为家的流云？我的爱常常只能从检票口开始，到另一个检票口结束——我常常只能借助一枚创伤的车票来维系与母亲的联系。母亲是游子精神上的故乡。而故乡对于我，相当于被放大了的母亲的概念，翻开地图，看到长江中下游那座叫南京的城市（在纸上比指甲盖还小），从内心的最深处感到温暖：我的母亲今天仍然生活在那里，在遥远的一扇窗口里做饭、晾洗衣物并且思念着她的儿子。这种时空无法阻隔的心灵感应，该算是一生中永不消逝的电波吧？

我18岁那年，母亲骄傲地用她的私房钱买了一张船票，在细雨蒙蒙的码头上送我去武汉读大学，我搭乘的虽是汽笛悠扬的现代化客轮，但呈现在母亲视野里肯定是孤帆远影的意境。仅仅4年以后，又是母亲亲自去排队买了火车票，交到我手里——我就这样展开了迁徙到北京的个人生涯。母亲当时预料不到，她对世界的这两次慷慨，构成她终身恐怕都将追悔的过错：我从此便被她无意识地移交给世界，而不再属于她。她已经付出还将继续付出漫无涯际的失眠、泪水、挂念，来承担世界对一个平凡母亲的掠夺。我离开故乡已经十几年了，愈行愈远，留给母亲的，永远只是背影，一次次的背影。我每年都要回老家探望母亲，又都要在她刚刚重新熟悉我时离去，这是很

残酷的。我与母亲之间发生过许多次匆促的离别,但只有前面提到的那两次最难忘。从18岁以后,都可以算作与母亲的一次漫长的离别。而18岁,只是这一次漫长的离别的开始。

从此我一直和母亲生活在两座城市里,坐火车需要一昼夜的路程。这就是一个母亲与她的孩子的距离。我估计这甚至将构成我与母亲共同承担的忧伤的宿命。我如果在北方的旷野上呐喊一声,恐怕要经过一昼夜才能传到母亲的耳边。那么索性让我缄默吧,缄默地以文字铺设一条通向母亲的捷径——省略掉途中的桥梁、河流、田亩乃至外省的小站。唉,思念母亲的时候,真想能以光速回到她眼前——当然,这肯定也是母亲的愿望,甚至堪称我苍老的母亲对生活最奢侈的要求。我太了解她了。从18岁以后,我享受到的母爱和回报母亲的孝敬,同样是残缺的——游子的天空没有满月。谁也看不见谁,谁也听不见谁的声音,谁也不知道对方正在想些什么或做些什么——我与母亲简直像生活在两个世界,或两种时空。每年回家探亲,总发现母亲老了许多:前年是皱纹多了,去年是头发白了,今年是牙齿掉了……顿时有天上一日,人间一年的恍惚感。触目惊心。我简直不敢如此想象下去。于是转而安慰自己:母亲健在就是一种幸福。虽然天各一方,但是她的心跳无时无刻不在震撼我的耳膜。就像冬天的鸟怀念远处的树巢——母亲的音容笑貌是我流浪生涯中最隐秘最柔韧的寄托。母亲无论居住在哪里,哪里都是我的故乡。游子的心室供奉着一枚隐形的磁针。

每年回南京休假,日程排得满满的,早出晚归,忙于探亲访友、参加各种聚会,有时深夜喝得半醉悄悄溜进家门,发现母亲房间的灯还亮着,她仰躺在床头,用耳机听磁带,眼睛却望着天花板发呆。我仿佛洞察了母亲寂寞的日常生活是怎样度过的。包括我不在身边的那无数个夜晚,她是怎样以思念来填补那可怕的空白。这时我才懊悔虽然回到家中,陪伴母亲的时候仍很少。对于成熟了的儿子来说,母亲只是他生活的一部分。但对于衰老了的母亲来说,儿女

却接近于她生活的全部。

母亲越老,精神就越脆弱。以前离别,无论刮风下雨,她坚持要送我到火车站,我一次次地目睹过她站在月台上挥手的身影从缓缓移动的车窗里消失——就像不断重演的神圣仪式。记不清从哪一年开始,她改为在家中的阳台上目送我。她说每次离别对于她都是不小的打击,每次我走后她都要流好半天的泪,这几年越来越觉得有点承受不了,要过好几天才能恢复过来。我提着行李箱走到拐弯的丁字路口,下意识地回头,发现母亲瘦弱的身影凄楚地依在二楼阳台上(像被世界遗弃了一样孤独),我知道自己又留给她一年的痛苦。那一瞬间我真想抛掉箱子飞跑回去再拥抱她一次,或索性永不离开。可我只能故作超脱地向她招一招手,然后就不可阻止地从她视野里消失了。在异乡想起母亲,头脑中总浮现出这同一幅画面,仿佛她自始至终都伫立在故乡的阳台上,一分钟都不曾离开。同样,母亲思念我时,也会反复咀嚼我的背影,我高耸起衣领逆风而行的背影留给她的是苦涩的滋味吧?

一次次迎面走来,又一次次转身离去——这就是母亲眼中的我。是谁在折磨这平凡、善良而无辜的女人——是我还是命运?阳台上的母亲,你别再流泪了。千里之外的母亲,你别再衰老了。请你一定站在原地,别动,等我回来……

母　　亲

文 [蒙古] 色·额尔德尼　照日格图/编译

那天心情着实不爽,我沿着河岸走去。土拨鼠翻出来的土,鸟

儿尽情的歌唱成了大自然生活的旋律。河边的柳枝和榆丛随风摇曳着，或许它们也有属于自己的旋律，这样的旋律需要我们用心去聆听。

不远处坐着一位女士。她穿着天蓝色的衣服，与今天晴朗的天气呼应着。她的旁边有一个孩子在尽情玩耍。为了除去我心中的阴霾，我决定和她们随意聊几句。那位母亲的眼睛深深凹了下去，发出一种干涩而微弱的光芒，瘦瘦的脸上交错着的血管依稀可见，几根头发在前额飘扬着。她用瘦如柴木的手扶住地面。她的目光会长久地定格在孩子的身上，透露出少有的温暖、慈祥。

她的孩子有着健壮的体格，红着小脸在草地奔跑着，正陶醉于自己采小花、抓蝴蝶等游戏中。

"这孩子真可爱！多大了？"片刻后我打破了沉默。

"是啊，我儿子真的很可爱，3岁了。"她说，似乎在等待着我的赞美。

"这孩子的体格真健壮。"我又夸奖了一番她的孩子，然后说，"你的身体似乎不是很好，对吗？"

我也不知道自己怎么会问出这样唐突的问题。她看了看我，然后用弯曲的手指顶住地面，把孩子的书放在膝盖上，说："对，我的身体是不太好。为了有个孩子我受尽了折磨。医生不允许我要孩子，就这样我在医院打掉了两个孩子，但身体并没有好转。第三次怀孕时我谁也没有告诉，我想办法掩盖住我日益隆起的肚子，但也没能瞒过我的爱人。医院死活不同意我生下这孩子。我的病情都威胁到了我的生命。他们说，如果打掉孩子，痛苦就会减轻很多。可我认为世界上没有什么事情比失去腹中的孩子更可怕。我在病床上一躺就是3个月。我认为孩子就是我最好的药剂。"

说出这些，那位母亲的眼睛溢出了泪水。我怕我的泪也会掉下来，仰起头望着远处的山。孩子抱来了五颜六色的野花，他把花献给母亲。母亲用瘦弱的手抱住了孩子。她抚摸着孩子的头，轻吻了

他的额头。她似乎获得了无穷的力量,满意地微笑着。

鸟儿在头顶唱着欢快的歌。看着蓝天她长长地叹了口气,继续说:"那时我作出了一个决定,就是死也要和我的孩子一起死。每一次身边有人牵着孩子的手和我擦肩而过的时候我心里就有一种莫名的失落。我觉得孩子是给人带来快乐的天使。我告诉我的爱人和医生,我要生下这个孩子,无论结局如何。他们慢慢理解了我的心思,废寝忘食地陪在我身边。但我的身体仍没有好起来。最后的一个月,我甚至都无力下床。为了腹中的孩子,我做好了与死神搏斗的一切准备。孩子就这样呱呱落地了。我想到的是我要坚持活下去,因为孩子来到这个世上,他不能没有母亲,不能没有母爱。就这样我活了下来。我时常想,是我的孩子挽救了我。医生们说癌症晚期的人活下来是一种奇迹。现在孩子慢慢长大了,我的身体也开始逐渐好转了。他是个好孩子。"说完她指了指在草地上淘气的孩子。

孩子跑了过来,在母亲的怀里撒娇。他并不知道他的母亲为他走过了怎样的艰难。

母亲温柔地抚摸着孩子的头,一脸慈祥。鸟儿的歌声从远处传来,委婉动听,微风吹来了花香,还有春的讯息。

我开始往回走。我的心平静了许多。我更加相信人心其实比瓷器更脆弱,但有时候又坚如磐石。一种伟大的爱会创造奇迹。我也相信那个陌生的母亲和她的孩子会越来越好。

至今,我都会想起那位瘦弱的母亲。我不知道她的名字,但是她让我更加深刻地理解了母爱的伟大。

爸爸的天空

文 叶梦扬

——走过山,走过桥,走不过的永远是您的脊梁。

爸爸在电话中说他今天意外地收到广州一家杂志社寄给他的一份"父亲节"特别礼物,问是不是跟我有关。虽然是在电话里,仍掩饰不住他的激动和兴奋。

爸爸是我的人生第一师。牙牙学语时,看着沉沉夕阳,我说了一句"夕阳像只水中的金鸟",就为了这句话,年轻气盛的爸爸料定他的女儿将来会是个"乘日追梦"的诗人。记得两年前,我曾因写过一篇《世上还有爸爸好》的散文,被几家电台配乐朗诵,而成为我的"成名作",此后,总有人拍着爸爸的肩头,问起他那个有点"才气"的女儿,这时爸爸却异常的平静:"她呀!她还是个孩子呢!"然后向我投来充满深深爱意的目光,让我一生感动。

6月20日是父亲节,过去的十多年,我都在匆匆中疏忽了它是爸爸的节日。岁月流年,我已不能一一把它延展。那时候,我可以在爸爸温暖的怀里笑得花枝摇曳;那时候,我和爸爸一起去放风筝……这样的日子,我记得,爸爸也记得。

当胸前的红领巾被闪光的团徽替代,六一这个节日在我的记忆里就像一根断线的风筝飘远了的时候,爸爸却仍记着它。在这一天,他都不曾忘记从街上给我带来画笔、布娃娃之类的东西。终于在今年的这一天,我忍不住:"爸爸,我都快和您一样高了,怎么还把我当小孩?"

爸爸点点头,又摇摇头,脸上已不见十多年前的灿烂,不变的还

是那种微笑:"梦扬,无论你长多大,在爸爸眼里,你永远是个长不大的孩子。"

一个无际的空间,飘着几朵白云,这是爸爸的天空。爸爸没有抽烟喝酒的陋习,所以这个天空纯净如玉,我在这个天空的庇护下呼吸、长大。

记不清楚是哪一年的夏季,大概是我14岁的时候吧,我第一次收到一个18岁的男孩写来的信,我依稀记得那一年爸爸的天空布满了乌云。爸爸,我很感激您,是您用您那有力的手臂救助了我,没有让我掉进那个不测的深潭;您用您的爱滋润着我,让我无忧地绽放我年轻的花季。

有这么一个很古老的故事:一位年迈的父亲,有一天把他的3个女儿叫到一起,他想知道她们究竟爱他到什么程度。大女儿说:"我像爱自己的生命那样爱您。"二女儿也不甘示弱:"我爱您胜过爱世上的一切。"只有他最钟爱的小女儿诚恳地说:"我爱您,就像肉离不开盐那样。"……爸爸从没有问过我这样的问题,但我真愿意把这个故事讲给他听。

爸爸,走过山,走过桥,走不过的永远是你的脊梁。每天,我从这里看到太阳的升起。

我给妈妈画衣裳

文 张海迪

我想,我一生最应该感谢的人就是我的妈妈。她给了我生命,也教我怎样做人。妈妈的一生非常坎坷,可她从不在我面前表现出

一丝软弱。妈妈16岁从女中参加革命,因为家庭出身是地主,到了革命队伍里也要背负政治压力。比如入团、入党等,都不能和出身好的同志相比。可妈妈从不自卑,她说自己的路要自己走,而且要昂着头。1949年,妈妈正在北京中国青年艺术剧院学习,那年她最高兴的事就是参加了开国大典,她们的腰鼓队就在第一排,妈妈说,她清楚地看见了毛主席!

20世纪50年代,才25岁的妈妈被打成了右派,连降三级,后来就到东风铁矿去劳动改造。1960年秋天,我就病了。那时,妈妈每天都要背我去医院。妈妈抱着我坐在医院的长椅上,听医生说我的病情,我靠在妈妈胸前,能感到她在微微发抖。妈妈后来说,那天她不是害怕,而是心疼我,她怕我动手术。可我还是做了手术。妈妈每天去医院照看我,都带一个竹壳暖水瓶,里面是小米地瓜稀饭,这是那个年代家里最好的营养品了。为了给我治病,爸爸妈妈借了他们同事的很多钱。为了还债,妈妈把她的手表都卖了。我知道了就忍不住难过,忍不住流泪。可妈妈却说,你的病好了,我和你爸爸就高兴了。

我的病没能治好,尽管爸爸妈妈带我去了很多医院,花了很多钱。家里已经四壁空空了。就在这时,"文革"开始了,爸爸被打成走资派,妈妈也因为出身和右派问题受到更大的冲击。几年后我跟着爸爸妈妈到了鲁西农村。开始,在那透风漏雨的破土房里,我真不知道今后怎么生活下去。那年冬天,只有我和妈妈两个人在家,望着窗外白茫茫的大地,我感到很怅惘。我们什么都没有了,屋里冻得像冰窖,除了咸菜,我们几乎没菜吃。记不清多少次,我总是偷偷抹眼泪,我不是为自己伤心,而是为父母,他们是多么好的人啊,可为什么被流放到这么遥远的地方啊!可我从不让妈妈看见我伤心,而妈妈更不让我看见她有一丝失望,我也从没有听见她抱怨过什么,她那时最喜欢说"将来"这两个字,比如,将来这里有了电就好了,将来这里通汽车就好了。

夜晚,在昏黄的小油灯下,妈妈一边纳鞋底,一边给我讲很多往

事(我们已经买不起鞋了,妈妈自己做了很多鞋,我的鞋则是我自己做的)。她给我讲,小时候姥姥为了躲开日本鬼子,怎么带着她逃跑,也讲她中学时代的事,回忆她涂着口红的女老师,还有她那群各种情调的女同学。她讲得更多的还是她在文工团的事,她和战友们怎么到火车上给志愿军演出,在演话剧《第二战场后方》的时候,为了扮演英国人,她怎么和女战友用阿莫尼亚染黄了头发。还有,就是她多少次说过见到了毛主席。妈妈还给我讲她读过的书,而我那时正没有书可读。她给我讲张恨水的小说,巴金的小说,冰心的散文,郭沫若的话剧,徐志摩的诗歌。她还常常给我讲她喜欢的林巧稚大夫。透过橘黄色的灯光,我长久地看着妈妈,她低着头,认真地纳着鞋底,她的表情淡定沉静。她说话缓缓的,完全沉浸在另一个世界里,让我全然忘了自己的伤感,觉得只要和妈妈在一起,不管生活多么苦,都是温暖的。

此前,我几乎没见过妈妈穿新衣裳,我得病之后,她就总穿中式罩衫,那都是她自己做的。我一直盼望妈妈能有一件像我朋友的妈妈穿的制服,很洋气的那一种。可妈妈却从不做那样的衣服,春节她却尽量给我和妹妹做新衣服。让妈妈穿一件好看的衣服成了我心底的愿望。

1973年春天,我们离开了农村。在小县城我开始学画画,不久,我就试着画素描。有一天,我对妈妈说,妈妈,我给你画张像吧。妈妈很乐意当我的模特。她坐在那里几小时一直保持着自己的微笑。那时,她依然穿着一件破旧的中式衣裳,可我却给她改了。在我的画里,妈妈穿着方格衬衣,外面是一件西装。只可惜,我那时刚学了几天,没有把想象的衣服画好,可妈妈看了却说,很好,真的很好,我终于穿上这么好看的外套了!那一刻,我的泪水流下来。我真恨自己为什么这么脆弱,我从不愿意让妈妈看见我的泪水啊。多年以后,韩国邀请我去访问,并参加我的长篇小说韩文版首发式,他们也邀请我的爸爸妈妈和妹妹一起去。在那里我第一次在商店为妈妈买

了漂亮的服装。

　　如今,妈妈已经老了,但是透过岁月朦胧的尘雾,我觉得她依然像我这张画里那么年轻,那么自信。亲爱的妈妈,虽然我一生经历了45年的病痛,但能和你在一起就是最大的幸福啊!

爸　　爸

文 [阿尔巴尼亚] 斯巴塞　郑恩波／译

　　"嘚儿,驾!"农民在大声吆喝自己的毛驴,毛驴驮着木柴赶路……在向城里赶路。

　　天气异常糟糕,大风像发了疯似的呼啸着,团团大雪一直下个不停。农民很冷,在褴褛的衣衫下面,在破成碎片的防雨斗篷下面,他全身在发抖,风和雪袭骨击髓,简直把他变成了牲口!雪水从身上和衣服上淌下来,他更多的是用破旧的斗篷裹着身体。瞧他那双脚都成什么样子啦!虽说穿了一双猪皮山民鞋,可这山民鞋又是个什么样子呢?看看吧:下面破了好多个窟窿,前面张开了口,好像山洞或驯服的嘴;那赤裸裸的脚指头,看上去好似锋利的牙齿一样;袜子挂在一边,缠在鞋子周围,好像绣着的脏臭花朵……鞋子里边,赤裸裸的脚趾头,在泥水汤里呱唧呱唧地游泳。

　　农民在继续向前赶路,天气变得更坏了:狂风猛吹,大雪迷茫,漫天遍野全都笼罩在暴风雪的世界中。渐渐地,道路从眼前消失了,所有的地方都变得陌生起来。

　　"嘚儿,驾!"农民驱赶着毛驴,更多时候是在斗篷下面蜷曲着身子,一次比一次更严重地咳嗽起来,脚下一溜一滑地踩着污泥浊

水,不停地向前赶路。

他低着头,沮丧而忧心忡忡地赶路,心中想:把妻子和5个孩子扔在家里,连一丁点儿面包皮都没给他们留下。孩子们凄惨地哭叫着,好像就跟在后边,"妈妈,爸爸,给我们面包吃!噢,我们冷啊!面包,我们要面包!"孩子们这种叫苦连天的嚷嚷和哀求,永远也没个完!即使这会儿,虽然离他们很遥远,却似乎还能特别清楚地听到他们的声音。可怜的孩子!他们不晓得双手空空是个啥滋味!他们要面包吃啊!

受苦的爸爸失魂落魄地朝前走着,面对孩子的饥饿,可怕的暴风雨、大雪、狂风、烂泥、黑暗,统统都不算什么了。孩子的面容活生生地出现在他的面前:他看得很清楚,孩子们不停地哭着要面包,以饥饿的目光盯着妈妈的每个动作。他们把空空的面包烤箱打开、关上上百次,怀着异常强烈的饥饿感,抠出掉在箱子各处木板缝里和窟窿眼里的面包渣。

农民一边不要命地咳嗽,呼呼直喘粗气,一边向前赶路,赶路……天气是那样可怕的寒冷。在这样的隆冬,孩子们全都裸着身子光着脚,可他并不去为孩子解决这方面的困难;他要为孩子解决肚子的困难。这不是因为他们一个个赤身裸体,而是因为肚子里是空的,彻底的空的!他们要面包,他们要东西吃!

"饿,饿!"孩子们又哭又喊,"我们要面包!我们很想吃面包。饿,饿,您不想给我们面包吃。"远处的叫声他听得非常清晰,他觉得最后那句话就像炸弹在他那可怜的心里爆炸一样。无辜的孩子饿晕了头,连爸爸和妈妈的爱也否定了。他们想,爸爸妈妈不爱他们,所以连面包都不给他们吃。他们不知道,父母不给他们面包吃的原因是没有面包。丈夫和妻子心疼极了,差点儿断了肝肠,而孩子们却在遭受饥饿的煎熬。全家七口人,仅仅凭一饼铛炒小麦过了整整一个星期。即使饼铛炒出来的小麦,他们也一粒一粒地吃了个精光。到哪里去讨?寒冬不让他们走出门外去,再说没有钱又有谁肯把东

西白送给你?

农民和妻子伤了整整一夜的脑筋。清晨,他终于打定了主意。把木柴驮在驴背上,置严酷的冬天可能会带来的危险于不顾,向城里出发了。他要卖点木柴,然后用那点钱给孩子们买面粉。妻子被痛苦地扔在家里,她在为孩子们忍饥挨饿和丈夫可能发生的危险受苦受难。

他脑子里盘算着这些事情……朝前赶路。风开始刮得更疯狂,雪也下得更厚了,眼前不断出现雪崩和大风刮成的雪岭。农民缩在毡毛斗篷下面,挥动着鞭子赶驴往前走……在孩子们哭喊声的跟踪下向前走去:"我们要面包!面包!"

他朝前赶路,时而登上变得坚硬的雪岭,时而又陷进了雪窟窿里。他整个身子都陷进去了,如同被宰杀的母鸡扑棱翅膀,企图逃出那种危险的结局一样,拼命地扑腾着,挣扎着,费了九牛二虎之力,总算挣脱出来了。可是,走了几步又陷了进去,再次扑腾一通。道路没有尽头,就像他的痛苦无边无际一样。那驴也时不时地走歪蹄子,并且扑通一声摔倒在雪地上。可怜的农民使出全部力量去拉驴,好不容易把它拉了起来,然而,坏事没个完,走了几步,那驴再次陷进雪岭的窟窿里!农民和毛驴一起折腾,实在是叫他太受累了。

大雪封山,开不出路来,可是,孩子们的声音怎么也不离开耳畔:"面包!我们要面包!"他觉得孩子们就在身后大声地喊着、叫着,因此便把驴拥起来,赶它往前走,而且自己也是一再地东摇西晃,使劲地挣扎,站起来朝前走。他既同严冬搏斗,又同饥饿抗争……

农民终于来到城里!牵着驮木柴的驴四处转悠了两个小时,好不容易有个顾客凑到农民跟前买木柴来了。披着毛毡斗篷的农民要价6列克,可是,一身城里人打扮的买主,只给两个半列克。然后,农民把价钱降到5列克,可是,城里人不想买了。"我的几个孩子没口东西吃!至少您也得给5列克啊!说到底,就算作施舍吧,您可不能夺走孩子们那口吃的啊!施舍一点儿吧!再加一列克,算作对

孩子们的施舍！"农民苦苦哀求道。可是，穿得整整齐齐的一身新衣服、披着厚厚大衣的城里人，丝毫也没被农民的话打动。

最后，农民以3列克的价钱把木柴卖了，急急匆匆地买了一点儿玉米面，就动身登上回村的路程！一路上，悲剧更加可怕。因为是夜里，驴子在路上死了，农民只好背着那一小面袋玉米面，跌跌撞撞、趔趔趄趄地赶路，半夜里才回到家，累得筋疲力尽，落个半死。

第二天一大早，5个孩子好像永吃不饱似的围在炉火旁，急不可待地等着母亲从炉火里取出烤熟的玉米饼子给他们吃。可是，在屋里的一角，他们着了凉的爸爸，正一边呻吟，一边小声地倾诉满腔的痛苦："今天倒是好哇，解了饿啦，可是，明天的困难又该怎么办呢？！"

父　　亲

☉苏　童

　　关于父爱，人们的评价一向是节制而平和的。母爱的伟大使我们忽略了父亲的存在和意义，但是对于许多人来说，父爱一直以特有的沉静的方式影响着他们。父爱怪就怪在这里，它是羞于表达的，疏于张扬的，却巍峨持重，所以有聪明人说：父爱如山。

　　前不久在去上海的旅途中我带了一本消遣性的杂志乱翻，不经意翻到了一篇并非消遣的文章，是一个美国人记叙他眼中的父爱的。容我转述这个关于父爱的故事，虽说是一个美国人的父亲，但那个美国父亲多年如一日为儿子榨橙汁的细节首先让我想到我的父亲，我父亲几十年如一日地早起，为儿女熬粥，直到儿女一个个离开家庭。我一直在对比中读这篇文章，作者说他每次喝光父亲榨的橙汁后都

会拥抱一下父亲,对父亲说一声"我爱你",然后才出门。那个美国父亲则接受儿子的拥抱和爱,什么也不说。拥抱在西方的父子关系中是一门必备课,我从来没拥抱过我的父亲,但我小时候每天第一眼看见父亲时必然会例行公事地叫一声"爸爸"。到我长大了一些,觉得天天这么叫有点儿烦人,心想不叫你你还是我爸爸,有时就企图蒙混过去,但我父亲采取的方式是走到我面前,用手指指着自己的鼻子,我就只好老老实实地叫:爸爸!奇怪的是那个美国儿子与我一样,他说他有一天也厌烦了这种例行公事的拥抱,喝了父亲的橙汁径直想溜出去,那个美国父亲就把儿子挡在门前,说:你今天忘了什么吧?这时候我仍然在对比,我想换了我就顺势说"谢谢你提醒我",然后拥抱一下了事。但美国的儿子毕竟与中国的儿子是不同的,他想得太多要得也太多,贸然提出了一个非常强硬的问题,说:爸爸,你为什么从来不说你爱我?这个美国儿子逼着他父亲说那三个字,然后文章最让我感动的细节就出现了,那个父亲难以发出那个耳熟能详的声音,当他终于对儿子说出"我爱你"时,竟然难以自持,哭了出来!

我读到这儿差点也哭了出来,我仍然在对比我所感受到的父爱。我想我永远不会逼着我父亲说"我爱你",我与那个美国儿子唯一不同的是,知道就行了。父爱假如不用语言,那就让我们永远沐浴这种无言的爱吧。

厨房中的父亲

文 黄振伟

妻子怀有身孕未到一个月时,父亲就急急地从东北老家过来看

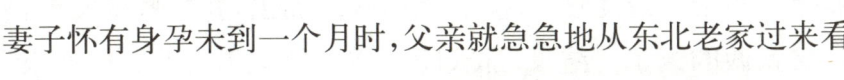

我,我知道父亲此行的目的是想抱孙子。我是不想让父亲失望的,但和妻子慎重考虑后,还是决定等过两年再要小孩。

当我小心翼翼地把我和妻子的决定告诉父亲时,父亲一听就急了,冲我嚷道:"养个孩子有那么难吗?你真是越大越没出息了,连孩子都不敢养。"我向父亲解释,我是想再奋斗几年。父亲全然不听,只是问我:"你奋斗是为了什么,是不是为了孩子?"我无法回答父亲。

两天后,父亲决定回老家。在车站,他默默地抽烟,叹着气。列车将要开动时,父亲从车窗内探出头想对我说什么,但犹豫着没有说,只是冲我摆摆手。我看到父亲头上的白发一颤一颤的,内心一阵酸楚,后悔不该让父亲这样失望地离开。

长久以来,我不敢想象父亲把我们5个儿女养大的具体过程,那是一个沉甸甸的岁月累积,有着数不清的琐事和烦恼。最终,我们长大了,父亲衰老了。我不知道父亲年轻时是不是和现在的我一样,也曾有过自己的梦想。他应该是有的,我记得他曾偶尔与我提过一两次,他这辈子最想当一个战斗英雄,但那是很久远的事情了。

父亲的梦想是在日复一日的厨房生活中逐渐消逝的。因为母亲长年卧病在床,父亲在厨房里忙碌的身影就成了我记忆中一个永恒的影像。

有一段时光,我们对父亲只会做饭这一点甚至有些厌恶。先是大姐反感这一点。大姐下乡插队返城后,找不到工作,她盼望着父亲也能有一些关系,而父亲除了认识几个工友和厨房中的蔬菜、粮食外,就谁都不认识了。我记得大姐当时在厨房中哭哭啼啼,而父亲则在择芹菜,准备给我们包饺子。父亲拿起一根芹菜逗她说:"乖女儿,别哭了,你看这芹菜多直,多干净,是自己长成这样的,不是谁帮它长成这样的。"大姐哭着把芹菜狠狠折成了两截,埋怨父亲没有能耐。两个人最终吵了起来,大姐摔门而去,并哭喊着发誓再也不吃父亲做的饭了。结果,那天晚上饿得狼狈不堪的大姐回来后,吃

了一大盘子蒸饺。一年后,她靠自己努力考进了工厂,做了会计。

不久,二姐遇到了同样的难题,她也一样跟父亲哭诉,父亲同样是规劝,可二姐并不听,她用"绝食"行动来反抗父亲。最后,父亲妥协了,说求了一个人,看能不能帮上二姐。父亲准备在家中请那个人吃一顿丰盛的大餐,好拜托二姐的事。为了这顿大餐,父亲也很发愁,因为家里的生活很拮据。虽然只有很少的钱,但父亲还是决定做十多个菜来招待那个人。

结果,那天客人没有来。我们狼吞虎咽吃大餐时,父亲望着一大桌子菜发呆,神情很落寞。他默默地喝了两杯酒,也不敢正眼看二姐,很自责地低声说:"二丫头,爸只是个工人,只会做饭,真的尽力了。"多年后,二姐与我提起这件事时,我故作惊讶地问,你还记得?二姐说,我又怎能忘呢?!

多年来,我已经忘了父亲做过的许多食物,却对一种叫不上名字的河鱼念念不忘,因为这鱼险些要了父亲的命。事情起因是哥在14岁时患上了胃病,每次吃饭,都说没有胃口。后来一个老中医给开了偏方,需要鲜鱼汤来做药引子。当时喝鱼汤对我们来说是一种奢想,因为很少能买到鱼,更不要说活鱼了。

我记得那天特别冷,应该是零下三十多度。到了上午9点多,父亲兴冲冲地回来了,棉鞋都湿透了,棉裤也湿了大半截,手上还划了好几个血口子。他晃了晃手中的袋子,兴奋地对母亲说:"大小子有活鱼吃了。"

父亲把袋子中的鱼倒在水盆中,十几条小河鱼在水中游来游去。就这十几条小鱼,是父亲赶到三十几里外的河边,用石头敲开冰面,用口罩布一条条捞上来的。为了保证哥天天有鲜鱼汤做药引,父亲隔一天就要早起出去捞一次鱼。

可是有一天到了半夜,父亲还没有回来,母亲断定父亲一定出了事,急忙去求助邻居。但邻居也帮不上什么忙,因为不知道父亲究竟去了哪条河。我们几个都吓哭了,觉得天塌下来一般。直到凌晨,我

们才听到父亲走近院门的沉重脚步声。一开门,我们都吓了一跳,父亲的半边脸几乎都是凝固的血痂子,棉袄棉裤都湿透了,拖着一条腿一瘸一拐的。他像是要快冻僵了。我们几个扑上去围住父亲,父亲虚弱地说:"别怕,老爸摔了一跤,没事。"然后晃了晃手中的袋子说,"看老爸抓了多少条鱼,快50条了,晚上鱼好抓,都睡觉呢!"

第二天晚饭时,我们每人都喝上了一碗鲜鱼汤。

后来,我才知道父亲那天不小心失足落到了碎裂的冰河中,半个身子已沉入水中。我问父亲:"当时是不是感到害怕了,想到了死?"父亲笑着说:"怎么会?一想到你们5个和你妈在家等着我,我就什么都不怕了。"

我始终以为父亲是热爱厨房的,但我的想法其实是错的。

父亲晚年时,对于他曾经不爱吃的食物都充满了热爱。比如他以前说不爱吃的苹果,他现在一次就能吃3个,而猪肘子,他一次能吃小半斤,这让我这个当儿子的觉得羞愧不已。在成长的岁月中,我们无知地剥夺了父亲的"美食权"。关于厨房也一样,父亲曾说,在厨房里早就忙活够了,但没办法,你们那时小,你妈又有病,别说厨房,就是刀山火海,我也得挺着。父亲与母亲恩爱一生。母亲病逝后,父亲除了做饭就是默默抽烟。

父亲晚年时越发孤寂了,我们先后都成家立业,只有他一个人守着老房子。而我们因为都有各自的事情忙碌,难得回老家聚一次。偶尔大家到齐了,父亲会像小孩子一样高兴,兴冲冲地在厨房里忙个不停。我们去厨房帮忙,都会被父亲不客气地撵出来,说我们碍手碍脚的,让我们去屋里等。虽然我们都长大了,但这熟悉的话语,让我们觉得时光从来没有流逝过。

父亲回老家后,大姐来电话告诉我,年迈的父亲踌躇满志地计划着未来,每天都在认真地研究各种菜谱,说准备耐心地等我抱着儿子回东北老家。我握着电话长久地说不出话来,仿佛又看到了父亲在厨房中忙碌的身影。

母亲，一本写不完的书

文 肖复兴

世上有一部永远写不完的书,那便是母亲……

那一年,我的生母突然去世,我不到8岁,弟弟才3岁多一点儿,我俩朝爸爸哭着闹着要妈妈。爸爸办完丧事,自己回了一趟老家。他回来的时候,给我们带回来了她,后面还跟着一个小姑娘。爸爸指着她,对我和弟弟说:"快,叫妈妈!"弟弟吓得躲在我身后,我噘着小嘴,任爸爸怎么说就是不吭声。"不叫就不叫吧!"她说着,伸出手要摸摸我的头,我扭着脖子闪开,说就是不让她摸。

望着这陌生的娘儿俩,我首先想起了那无数人唱过的凄凉小调:"小白菜呀,地里黄呀,两三岁呀,没了娘呀……"我不知道那时是一种什么样的心绪,总是忐忑不安地偷偷看她和她的女儿。

在以后的日子里,我从来不喊她妈妈,学校开家长会,我硬是把她堵在门口,对同学说:"这不是我妈。"有一天,我把妈妈生前的照片翻出来挂在家里最醒目的地方,以此向后娘示威,怪了,她不但不生气,而且常常踩着凳子去擦照片上的灰尘。有一次,她正擦着,我突然向她大声喊道:"你别碰我的妈妈。"好几次夜里,我听见爸爸在和她商量:"把照片取下来吧!"而她总是说:"不碍事儿,挂着吧!"我头一次对她产生了一种说不出的好感,但我还是不愿叫她妈妈。

孩子没有一个是省油的灯,大人的心操不完。我们大院有块平坦、宽敞的水泥空场。那是我们孩子的乐园,我们没事便到那儿踢球、跳皮筋,或者漫无目的地疯跑。一天上午,我被一辆突如其来的

0/9

自行车撞倒,重重地摔在水泥地上,立刻晕了过去。等我醒来的时候,已经躺在医院里了,大夫告诉我:"多亏了你妈呀!她一直背着你跑来的,生怕你留下后遗症,长大了可得好好孝顺她呀……"

她站在一边不说话,看我醒过来便伏下身摸摸我的后脑勺,又摸摸我的肚子。我不知怎么搞的,第一次在她面前流泪了。

"还疼?"她立刻紧张地问我。

我摇摇头,眼泪却止不住。

"不疼就好,没事就好!"

回家的时候,天已经全黑了。从医院到家的路很长,还要穿过一条漆黑的小胡同,我一直伏在她的背上。我知道刚才她就是这样背着我,跑了这么长的路往医院赶的。以后的许多天里,她不管见爸爸还是见邻居,总是一个劲埋怨自己:"都赖我,没看好孩子!千万别落下病根呀……"好像一切过错不在那硬邦邦的水泥地,不在我那样调皮,而全在于她。一直到我活蹦乱跳一点儿没事了,她才舒了一口气。

没过几年,三年自然灾害就来了,只是为了省出家里一口人吃饭,她把自己的亲生闺女,那个老实、听话,像她一样善良的小姐姐嫁到了内蒙古。那年小姐姐才18岁,我记得特别清楚,那一天,天气很冷,爸爸看小姐姐穿得太单薄了,就把家里唯一一件粗线毛大衣给小姐姐穿上,她看见了,一把给扯了下来:"别,还是留给她弟弟吧,啊!"车站上,她一句话也没说,只是在火车开动的时候,向女儿挥了挥手。寒风中,我看见她那像枯枝一样的手臂在抖动,回来的路上她一边走一边叨叨:"好啊,好啊,闺女大了,早点寻个家好啊,好!"我实在是不知道人生的滋味儿,不知道她一路上叨叨的这几句话是在安抚她自己那流血的心。她也是母亲,她送走自己的亲生闺女,为的是两个并非亲生的孩子,世上竟有这样的后母?望着她那日趋隆起的背影,我的眼泪一个劲往外涌。"妈妈!"我第一次这样称呼了她,她站住了,回过头来,愣愣地看着我,不敢相信这是真

的,我又叫了一声"妈妈",她竟"呜"的一声哭了,哭得像个孩子。多少年的酸甜苦辣,多少年的委屈,全都在这一声"妈妈"中融解了。

母亲啊,您对孩子的要求就是这么少……

这一年,爸爸因病去世了,妈妈先是帮人家看孩子,以后又在家里弹棉花,攥线头,她就是用弹棉花攥线头挣来的钱供我和弟弟上学。望着妈妈每天满身、满脸、满头的棉花毛毛,我常想:亲娘又怎么样?! 从那以后的许多年里,我们家的日子虽然过得很清苦,但是,有妈妈在,我们仍然觉得很甜美,无论多晚回家,那小屋里的灯总是亮的,橘黄色的灯光里是妈妈跳动的心脏。只要妈妈在,那小屋便充满温暖,充满了爱。

我总觉得妈妈的心脏会永远地跳动着,却从来没想到,我们刚大学毕业的时候,妈妈却突然地倒下了,而且再也没有起来。妈妈,请您在天之灵能原谅我们,原谅我们儿时的不懂事,而我永远也不能原谅自己。我知道在这个世界上,我什么都可以忘记,却永远不能忘记您给予我们的一切……世上有一部永远写不完的书,那便是母亲。

 # 富翁老爸捡垃圾

伟明是县文化馆的文学专干,文化单位是清水衙门,工资待遇低,妻子的单位也处在风雨飘摇之中,他们已经无法养家糊口。为了生计,伟明毅然辞职下海,办起了一家文化有限公司,经销书刊和音像制品。因经营有方,生意火暴,不几年就腰缠百万,成了大县城

的社会名流、商界翘楚。

伟明在县城购置了一套豪华别墅,把老母从乡下接了过来,他喜滋滋地说:"娘,你操心操累了一辈子,现在该享享儿子的福了。"

老母在乡下勤恳惯了,一闲下来就不自在。她看见城里大街小巷有不少老人在拾垃圾,便也提了个编织袋,四处寻觅起来。她手脚利索,收获不少,每天都能从废品站拿回一二十元钱,有时走运,还能大大突破!老母乐得眉开眼笑,热情陡增,捡得更勤快了。

儿子看见,惊骇不已,慌忙劝阻:"娘,你怎么能去捡垃圾呢?叫人看见,多难为情呀!"

老母头一昂,理直气壮:"又不是偷,又不是抢,有什么难为情?"

儿子赶忙从身上掏出一沓百元大钞,双手递给老母:"妈,你要钱用,尽管开口,儿子有的是钱,要多少给多少!"

"在你这儿,要吃有吃,要穿有穿,我要钱干啥哩?这钱我不要,你留着生意上周转吧!"老母伸手把钱挡了回去。

"那你就不要捡垃圾了。"

"我不做事心里闷得慌,我捡垃圾,四处走一走,心里舒坦。"

"捡垃圾太脏了!"

"大街上的垃圾,捡去了就干净,不捡才脏哩!"

儿子说服不了老母,委托亲友做工作,亲友们来到老人家身边。叫得甜甜的,先称赞老人家有福,前世修来的,生个儿子这么有钱,干这么大的事业!哄得老人家高兴了,他们才言归正传说:"老人家,你就在家享享清福吧,不要去捡垃圾了,你儿子已经是个大老板,你捡垃圾他面子上不好看,让人笑话!"

老人的脸立时沉了下来:"我又不是偷,又不是拐,又不是骗,有什么不好看?全世界那么多人捡垃圾都让人笑话了?"

老人十分固执,任你怎样劝说都无济于事,亲友们摇着头走了。

老人家依然捡垃圾,一天又一天,风雨无阻。

城里有人得知富豪老母捡垃圾,都愤愤不平,私下议论:"商人奸诈,爱财如命,连自己的老母都赶去捡垃圾。"伟明听到那些议论,心里冤,心里苦,却无法申辩,无法诉说。他在心里责怪老母太不懂事,让他担待不孝的骂名。

后来,书刊和音像制品生意竞争激烈,赚钱不易,伟明就改弦易辙,办起了酱油厂和热水器厂。热水器厂是和别人合作生产,想不到上当,被骗去100万。伟明痛定思痛,便把整个身心倾注到酱油厂。他聘请了省科学院知名的酿造专家,购置了最先进的酿造设备,设计了最先进的工艺流程,产品出来,香浓味美,各项理化指标和卫生指标,均达到或超过了国家标准,是酱油中的上乘佳品。伟明为了消费者的健康,没有在酱油中添加色素,想不到竟因为色泽不深,再加上价格略高,消费者不识,都购买那价格低廉、用色素制作的假酱油,而伟明的真酱油却无人问津,大量积压,血本无归。因无力偿还银行贷款,伟明的所有资产全被封存、冻结、拍卖。一夜之间,一个遐迩闻名的百万富翁,变成了一文不名的穷光蛋。

痛苦、忧伤、彷徨了许多时日,伟明振作起来,决定重整旗鼓,东山再起。他知道,老婆管财务,已暗有蓄积,便动员她把钱拿出来,做启动资金。想不到她经受这一次沉重打击,已对丈夫完全失望,为了退路,她死活不肯把钱拿出来。两人的摩擦、裂痕越来越大,最后,她竟利用裙带关系,设计离婚。伟明万念俱灰,把剩下的一点儿东西全给了她。

伟明又试图向亲友借点本金,他说,我刚下海时500元起家,现在只要有几千元,我可以再次创造商业神话。亲友们见他一败涂地,怕承担风险,都委婉拒绝了,伟明已到了山穷水尽的地步。

那天,他写下一份万言遗书,把药品备好,穿戴整齐,想最后看老母一眼,与老母诀别。当他来到老母身边,看到老母老态龙钟,白发苍苍,想到她就要承受那无情的打击和巨大的伤痛时,鼻子一酸,禁不住号啕大哭起来。老母马上看出了异样,悲从中来,抱着儿子,

也放声大哭……

也不知过了多久,老母止住了哭,她站了起来,颤巍巍地走到床边,在枕下摸索着,搜出了一个布包,抖动着递给儿子,"孩子,这是娘捡垃圾攒下的,8000块,你拿去做本吧,不够,娘再去捡!天无绝人之路,你要挺住,哪里跌倒,哪里爬起来!"

伟明又惊又喜又恍惚,仿佛在梦中,许久才回过神来。他接过老母的布包,斩钉截铁地说:"娘,遭此一劫,我不但学会了怎样做事,更学会了怎样做人。我将脚踏实地,从头再来,一定不会让您再次失望!"

伟明制订了一个周密的发展计划,以小谋大,稳扎稳打,一步一个台阶。5年后,他又拥有千万资财,再次成为大县城首屈一指的大富豪。

恰逢老母80大寿,伟明破天荒举办了一次盛大的庆典。给老母拜了寿,伟明诚恳地说:"娘,你就不要去捡垃圾了吧。"老母心里高兴,笑吟吟地说:"你大难不死,必有后福!再说,娘也确实老了,手脚不灵便了,就听你的吧,不去捡了!"

摔碎的心

文 冰雪女孩

灾难,在我未出生的时候就已经开始了。

我出生的时候就与众不同,苍白的脸色和淡淡蓝色的眉毛让一些亲朋纷纷劝慰我的父母,将我遗弃或者送人,但我的父母却坚定着我是他们的骨肉,是他们的宝贝的信念,用丝毫不逊色的爱呵护着我,疼爱着我。

我5岁大的时候,深藏在我身体内的病魔终于狰狞着扑向我,扑向我的父母。在一场突然而至的将近40度的高烧中,我呼吸困难、手脚抽搐,经医生的极力抢救,虽然脱险了,但也被确诊患有一种医学上称之为"法乐氏四联症"的先天性心脏病,这是目前世界上病情最复杂、危险程度最高、随时都可能停止呼吸和心脏跳动的顽症。

我在父母的带领下开始了国内各大医院的求医问诊,开始了整日鼻孔插导管的生活。我的父母仿佛一下都苍老了许多,但他们丝毫没有向病魔低头,他们执拗地相信奇迹会在我身上发生。很快,家里能够变卖的都变卖了。小时候的我很天真,问母亲,为什么我的鼻子里总要插着管子。母亲告诉我,因为我得了很怪的感冒病,很快就会好的。

就这样,到了上学的年龄,我的"感冒"依然没有好,但父亲依然将我送进了学校。我喜欢那里,那里有很多的小伙伴,还有许多的故事和童话。最重要的是,那里没有医院的味道。

因为身体虚弱,坐的时间稍久,我的胸口就会闷得十分难受,我只好蹲在座位上听课、看书、写作业……偶尔在课堂上发病,我就用一只手拼命地去掐另一只胳膊,好让自己不因为痛苦而发出喊叫,我要做一个强者。尽管我常常会昏厥在课堂上,但临近小学毕业的时候,我家的墙壁上已经挂满了我获得的各种奖状。

16岁那年的暑假,我又一次住进了北京的一家医院,我终于从病历卡上知道了自己患的是一种几近绝症的病。

死亡的恐惧是不是能够摧垮一切呢?

那天晚上,父亲依然像以往一样,将我喜欢的饭菜买来,摆放在我床头的柜子上,将筷子递给我:"快吃吧,都是你喜欢吃的……"我克制着自己,可绝望还是疯狂地向我袭来,我放声哭了起来。

哭声中我哽咽着问父亲:"你们为什么一直在骗我?为什么?"

父亲在我的哭问中愣怔着,突然背转过身去,肩膀不停地抖动

起来……

接下来的整整三个夜晚,我都是在失眠中度过的。

第四天清早,我将自己打扮整齐,趁没有人注意,悄悄溜出了医院……我知道,医院不远处有一家农药店,我要去那里买能够了结我生命的药物,我可以承受病魔的蹂躏,但我无法忍受父母被灾难折磨的痛苦。我唯一能够帮助父母,杀掉病魔的方法,就是结束我的生命。

就在我和老板讨价还价的时候,父亲从门外奔了进来,一把抱住我。我什么都看不到了,只感觉到父亲浑身都在颤抖着,我知道,父亲一定是在哭泣……

那一晚,家里一片呜咽,而父亲却没有再掉泪。他只是在一片泪水的汪洋中,镇静地告诉我:"我们可以承受再大的灾难,却无法接受你无视生命的轻薄。"

因为爱父母,我想选择死亡;而父母却告诉我,爱他们就应该坚持活下来。

三天后,在市区那条行人如织的街道旁,父亲破衣褴褛地跪在那里,脖子上挂着一块牌子,牌子上写着:"……我的女儿得了一种绝症,她的心脏随时都可能停止跳动,善良的人们,希望你们能施舍出你们的爱心,帮助我的女儿战胜病魔,毕竟她只有16岁啊……"我是在听到邻居说父亲去跪乞后找过去的。

当时,父亲的身边围着一大群人,人们看着那牌子,窃窃议论着,有人说是骗子在骗钱,有人就吐痰到父亲身上……父亲一直垂着头,一声不吭。我分开人群,扑到父亲身上,抱住父亲,泪水又一次掉了下来……

父亲在我的哀求中不再去跪乞,他开始拼命地去做一些危险性比较高的工作,他说,那些工作的薪水高,他要积攒给我做心脏移植手术的费用。心脏移植,这似乎是延续我生命的唯一办法。但移植心脏就意味着在挽救一个人生命的同时,结束另一个人的生命啊!

哪里会有心脏可供移植。可看着父亲坚定的眼神,我不敢说什么,也许,这是支撑他的希望,就让他希望下去吧!我能给父亲的安慰似乎只有默默地承受着他的疼爱。

直到有一天,我在整理房间的时候,从父亲的衣兜里发现了一份人身意外伤亡保险单和他写的一封信。那是一封写给有关公证部门的信,大意是说,他自愿将心脏移植给我!一切法律上的问题都和其他人没有任何关系……

原来,他是在有意接触高危工作,是在策划着用自己的死亡换取我健康的生命啊!

我一个字也说不出来,只有泪水滂沱而落。那天晚上,我和父亲聊了很久,我回忆了自己这些年和病魔拔河的艰难,更多的是我从他和母亲身上感受到的温暖和关爱,我告诉父亲:"生命不在长短,要看质量,我得到太多太多来自您和妈妈给的爱了,就是现在离开这个世界,我也会很幸福地离开……"

父亲无语。星月无语。

一天,我从学校回来,不见父亲,就问母亲。母亲告诉我:"你爸爸去公证处公证,想要把他的心脏移植给你,表示他是自愿的,和任何人都没有关系。可这是要死人的事情,公证处的工作人员没有受理,他又去医院问医生去了……"

那天晚上,父亲一脸灰暗地回来了。我看得出,一定是医生也不同意他的想法。

父亲不再去咨询什么移植事情,开始垂头工作了。只是,依然是那些危险性很高的工作。我渴望生命的延续,但我更渴望父亲健康地活下去。

我的心里多少有了些安慰,以为一切都会在自然中继续下去。

7个月后的一天,我将近40岁的父亲在一处建筑工地抬预制板的时候,和他的另一个工友双双从五楼坠下。我赶到医院的时候,父亲已经没有了呼吸。听送他到医院的一些工友们讲,父亲坠下后,

双手捂在胸口前——我知道,我知道,父亲在灾难和死亡突至的刹那,还惦挂着我,还在保护着他的心脏,因为,那是一颗他渴望移植给我的心脏!

而原因,只是因为我是他的女儿。

父亲的心脏最终没有能够移植给我,因为那颗心脏在坠楼时被摔碎了。

第二辑 最熟悉的人

二哥福海

文 老 舍

在亲友中,二哥福海到处受欢迎,他长得短小精悍,既壮实又秀气,既漂亮又老成。圆圆的白净子脸,双眼皮,大眼睛。他还没开口,别人就预备好听两句俏皮而颇有道理的话。及至一开口,他的眼光四射,满面春风,话的确俏皮,而不伤人;颇有道理,而不老气横秋。他的脑门以上总是青青的,像年画上胖娃娃的青头皮那么清鲜,后面梳着不松不紧的大辫子,既稳重又飘洒。他请安请得最好看:先看准人,而后俯首急行两步,到了人家的身前,双手扶膝,前腿实,后腿虚,一趋一停,毕恭毕敬。安到话到,亲切诚挚地叫出来:"二婶儿,您好!"而后,从容收腿,挺腰敛胸,双臂垂直,两手向后稍拢,两脚并齐"打横儿"。这样的一个安,叫每个接受敬礼的老太太都哈腰儿还礼,并且暗中赞叹:我的儿子要能够这样懂得规矩,有多么好啊!

他请安好看,坐着好看,走道儿好看,骑马好看,随便给孩子们摆个金鸡独立,或骑马蹲裆式就特别好看。他是熟透了的旗人,既没忘记二百多年来的骑马射箭的锻炼,又吸收了汉族、蒙古族和回族的文化。论学习,他文武双全;论文化,他是"满汉全席"。他会骑马射箭,会唱几段(只是几段)单弦牌子曲,会唱几句(只是几句)汪派的《文昭关》,会看点风水,会批八字儿。他知道怎么养鸽子,养鸟,养骡子与金鱼。可是他既不养鸽子、鸟,也不养骡子与金鱼。他有许多正事要做,如带亲友们去看棺材,或介绍个厨师等等,无暇养那些小玩意儿。大姐夫虽然自居内行,养着鸽子,或架着大鹰,可是每

逢遇见福海二哥,他就甘拜下风,颇有意把他的满天飞的元宝都廉价卖出去。福海二哥也精于赌钱,牌九、押宝、抽签子、掷骰子、斗十胡、踢球、"打老打小",他都会。但是,他不赌。只有在老太太们想玩十胡而凑不上手的时候,他才逢场作戏,陪陪她们。他既不多输,也不多赢。若是赢了几百钱,他便买些糖豆大酸枣什么的分给儿童们。

他这个熟透的旗人其实也就是半个甚至于是三分之一的旗人。这可与血统没有什么关系。以语言来说,他只会一点点满文,谈话、写点什么,他都运用汉语。他不会吟诗作赋,也没学过作八股或策论,可是只要一想到文艺,如编个岔曲,写副春联,他总是用汉文去思索,一回也没考虑过可否试用满文。当他看到满、汉文并用的匾额或碑碣,他总是欣赏上面的汉字的秀丽或刚劲,而对旁边的满字便只用眼角照顾一下,敬而远之。至于北京话呀,他说的是那么漂亮,以至使人认为他是这种高贵语言的创造者。即使这与历史不大相合,至少他也应该分享"京腔"创作者的一份儿荣誉。是的,他的前辈们不但把一些满文词儿收纳在汉语之中,而且创造了一种轻脆快当的腔调;到了他这一辈,这腔调有时候过于轻脆快当,以至有时候使外乡人听不大清楚。

可是,惊人之笔是在这里:他是个油漆匠!我的大舅是三品亮蓝顶子的参领,而儿子居然学过油漆彩画,谁能说他不是半个旗人呢?我大姐的婚事是我大舅给做的媒人。大姐婆婆是子爵的女儿,佐领的太太,按理说绝对不会要个旗兵的女儿做媳妇,不管我大姐长得怎么俊秀,手脚怎么利落。大舅的亮蓝顶子起了作用。大姐的公公不过是四品哪。在大姐结婚的那天,大舅亲自出马做送亲老爷,并且约来另一位亮蓝顶子的,和两位红顶子的,二蓝二红,都戴花翎,组成了出色的送亲队伍。而大姐的婆婆呢,本来可以约请四位红顶子的来迎亲,可是她以为我们绝对没有能力组织个强大的队伍,所以只邀来四位五品官儿,省得把我们吓坏了。结果,我们取得

了绝对压倒的优势,大快人心!受了这个打击,大姐婆婆才不能不管母亲叫亲家太太,而姑母也乘胜追击,郑重声明:她的丈夫(可能是汉人)也做过二品官!

大姐后来嘱咐过我,别对她婆婆说,二哥福海是拜过师的油漆匠。是的,若是当初大姐婆婆知道二哥的底细,大舅做媒能否成功便大有问题了,虽然他的失败也不见得对大姐有什么不利。

二哥有远见,所以才去学手艺。按照我们的佐领制度,旗人是没有什么自由的,不准随便离开本旗,随便出京;尽管可以去学手艺,可是难免受人家的轻视。他应该去当兵,骑马射箭,保卫大清皇朝。可是,旗族人口越来越多,而旗兵的数目是有定额的。于是,老大老二也许补上缺,吃上钱粮,而老三老四就只好赋闲。这样,一家子若有几个白丁,生活就不能不越来越困难。这种制度曾扫南荡北,打下天下;这种制度可也逐渐使旗人失去自由,失去自信,还有多少人终身失业。

同时,吃空头钱粮的比比皆是,又使等待补缺的青年失去有缺即补的机会。我姑母,一位寡妇,不是吃着好几份儿钱粮么?

我三舅有五个儿子,都虎头虎脑的,可都没有补上缺。可是,他们住在郊外,山高皇帝远。于是这五虎将就种地的种地,学手艺的学手艺,日子过得很不错。福海二哥大概是从这里得到了启发,决定自己也去学一门手艺。二哥也看得很清楚:他的大哥已补上了缺,每月领四两银子;那么他自己能否也当上旗兵,就颇成问题。以他的聪明能力而当一辈子白丁,甚至连个老婆也娶不上,可怎么好呢?他的确有本领,骑术箭法都很出色。可是,他的本领只足以叫他去做枪手,替崇家的小罗锅,或明家的小瘸子去箭中红心,得到钱粮。是啊,就是这么一回事:他自己有本领,而补不上缺,小罗锅和小瘸子肯花钱运动,就能通过枪手而当兵吃饷!二哥在得一双青缎靴子或几两银子的报酬而外,还看明白:怪不得英法联军直入公堂地打进北京,烧了圆明园!凭吃几份儿饷银的寡妇、小罗锅、小瘸子

和像大姐公公那样的佐领、像大姐夫那样的骁骑校,怎么能挡得住敌兵呢!他决定去学手艺!是的,历史发展到一定的阶段,总会有人,像二哥,多看出一两步棋的。

大哥不幸一病不起,福海二哥才有机会补上了缺。于是,到该上班的时候他就去上班,没事的时候就去做点油漆活儿,两不耽误。老亲旧友们之中,有的要漆一漆寿材,有的要油饰两间屋子以备娶亲,就都来找他。他会替他们省工省料,而且活儿做得细致。

当二哥做活儿的时候,他似乎忘了他是参领的儿子,吃着钱粮的旗兵。他的工作服,他的认真的态度,和对师兄师弟的亲热,都叫他变成另一个,一个汉人,一个工人,一个顺治与康熙所想象不到的旗人。

二哥还信白莲教!他没有造反、推翻皇朝的意思,一点儿也没有。他只是为坚守不动烟酒的约束,而入了"理门"。本来,在友人让烟让酒的时候,他拿出鼻烟壶,倒出点茶叶末颜色的闻药来,抹在鼻孔上,也就够了。大家不会强迫一位"在理儿的"破戒。可是,他偏不说自己"在理儿",而说:我是白莲教!不错,"理门"确与白莲教有些关系,可是在一般人的心目中,"在理儿"是好事,而白莲教便有些可怕了。母亲便对他说过:"老二,在理儿的不动烟酒,很好!何必老说白莲教呢,叫人怪害怕的!"二哥听了,便爽朗地笑一阵:"老太太!我这个白莲教不会造反!"母亲点点头:"对!那就好!"

大姐夫可有不同的意思。有许多方面,他都敬佩二哥。可是,他觉得二哥的当油漆匠与自居为白莲教徒都不足为法。大姐夫比二哥高着一寸多。二哥若是虽矮而不显着矮,大姐夫就并不太高而显着晃晃悠悠。干什么他都慌慌张张,冒冒失失。长脸,高鼻子、大眼睛,他坐定了的时候显得很清秀体面。可是,他总坐不住,像个手脚不识闲的大孩子。一会儿,他要看书,便赶紧拿起一本《五虎平西》——他的书库里只有一套《五虎平西》,一部《三国志演义》,四五册小唱本儿,和他幼年读过的一本《六言杂字》。刚拿起《五虎

平西》，他想起应当放鸽子，于是顺手把《五虎平西》放在窗台上，放起鸽子来。赶到放完鸽子，他到处找《五虎平西》，急得又嚷嚷又跺脚。及至一看它原来就在窗台上，便不去管它，而哼哼唧唧地往外走，到街上去看出殡的。

他所珍视这种想干什么就干什么的"自由"。他以为这种自由是祖宗所赐，应当传之永远，"子子孙孙永宝用！"因此，他觉得福海二哥去当匠人是失去旗人的自尊心，自称白莲教是同情叛逆。前些年，他不记得是哪一年了，白莲教不是造过反吗？

在我降生前的几个月里，我的大舅、大姐的公公和丈夫，都真着了急。他们都激烈地反对变法。大舅的理由很简单，最有说服力：祖宗定的法不许变！大姐公公说不出更好的道理来，只好补充了一句：要变就不行！事实上，这两位官儿都不大知道要变的是哪一些法，而只听说：一变法，旗人就须自力更生，朝廷不再发给钱粮了。

大舅已年过五十，身体也并不比大舅妈强着多少，小辫儿须续上不少假头发才勉强够尺寸，而且因为右肩年深日久地向前探着，小辫儿几乎老在肩上扛着，看起来颇欠英武。自从听说要变法，他的右肩更加突出，差不多是斜着身子走路，像个断了线的风筝似的。

大姐的公公很硬朗，腰板很直，满面红光。他每天一清早就去遛鸟儿，至少要走五六里路。习以为常，不走这么多路，他的身上就发僵，而且鸟儿也不歌唱。尽管他这么硬朗，心里海阔天空，可是听到铁杆庄稼有点动摇，也颇动心，他的咳嗽的音乐性减少了许多。他找了我大舅去。

笼子还未放下，他先问有猫没有。变法虽是大事，猫若扑伤了蓝靛颏儿，事情可也不小。

"云翁！"他听说此地无猫，把鸟笼放好，有点急切地说："云翁！"

大舅的号叫云亭。在那年月，旗人越希望永远做旗人，子孙万代，可也越爱摹仿汉人。最初是高级知识分子，在名字而外，还要起

个字雅音美的号。慢慢地,连参领佐领们也有名有号,十分风雅。到我出世的时候,连原来被称为海二哥和恩四爷的旗兵或白丁,也都什么臣或什么甫起来。是的,亭、臣、之、甫是四个最时行的字。大舅叫云亭,大姐的公公叫正臣,而大姐夫别出心裁地自称多甫,并且在自嘲的时节,管自己叫豆腐。多甫也罢,豆腐也罢,总比没有号好得多。若是人家拱手相问:您台甫?而回答不出,岂不比豆腐更糟么?

大舅听出客人的语气急切,因此不便马上动问。他比客人高着一品,须拿出为官多年,经验丰富,从容不迫的神态来。于是,他先去看鸟,而且相当内行地夸赞了几句。直到大姐公公又叫了两声云翁,他才开始说正经话:"正翁!我也有点不安!真要是自力更生,您看,您看,我五十多了,头发掉了多一半,肩膀越来越歪,可叫我干什么去呢?这不是什么变法,是要我的老命!"

"嚓!是!"正翁轻咳了两下,几乎完全没有音乐性。"是!出那样主意的人该剐!云翁,您看我,我安分守己,自幼儿就不懂要星星,要月亮!可是,我总得穿得整整齐齐,干干净净吧?我总得炒点腰花,来个木樨肉下饭吧?我总不能不天天买点嫩羊肉,喂我的蓝靛颏儿吧?难道这些都是不应该的?应该!应该!"

"咱们哥儿们没做过一件过分的事!"

"是嘛!真要是不再发钱粮,叫我下街去卖……"正翁把手捂在耳朵上,学着小贩的吆喝,眼中含着泪,声音凄楚:"赛梨哪,辣来换!我,我……"他说不下去了。

"正翁,您的身子骨儿比我结实多了。我呀,连卖半空儿多给,都受不了啊!"

"云翁!云翁!您听我说!就是给咱们每人一百亩地,自耕自种,咱们有办法没有?"

"由我这儿说,没有!甭说我拿不动锄头,就是拿得动,我要不把大拇脚趾头锄掉了,才怪!"

老哥俩又讨论了许久，毫无办法。于是就一同到天泰轩去，要了一斤半柳泉居自制的黄酒，几个小烧（烧子盖与炸鹿尾之类），吃喝得相当满意。吃完，谁也没带着钱，于是都争取记在自己的账上，让了有半个多钟头。

可是，在我降生的时候，变法之议已经完全作罢，而且杀了几位主张变法的人。云翁与正翁这才又安下心去，常在天泰轩会面。每逢他们听到卖萝卜的"赛梨哪，辣来换"的呼声，或卖半空花生的"半空儿多给"的吆喝，他们都有点怪不好意思：做了这么多年的官儿，还是沉不住气呀！

多甫大姐夫，在变法潮浪来得正猛的时节，佩服了福海二哥，并且不大出门，老老实实地在屋中温习《六言杂字》。他非常严肃地跟大姐讨论："福海二哥真有先见之明！我看咱们也得想个法！"

"对付吧！没有过不去的事！"大姐每逢遇到难以解决的问题，总是拿出这句名言来。

"这回呀，就怕对付不过去！"

"你有主意，就说说吧！多甫！"大姐这样称呼他，觉得十分时髦、漂亮。

"多甫？我是大豆腐！"大姐夫惨笑了几声。"现而今，当瓦匠、木匠、厨子、裱糊匠什么的，都有咱们旗人。"

"你打算……"大姐微笑地问，表示嫁鸡随鸡，嫁狗随狗，他去学什么手艺，她都不反对。

"学徒，来不及了！谁收我这么大的徒弟呢？我看哪，我就当鸽贩子去，准行！鸽子是随心草儿，不爱，白给也不要；爱，十两八两也肯花。甫多了，每月我只做那么一两号俏买卖，就够咱们俩吃几十天的！"

"那多好啊！"大姐信心不大地鼓舞着。

大姐夫挑了两天，才狠心挑出一对紫乌头来，去做第一号生意。他并舍不得出手这一对，可是朝廷都快变法了，他还能不坚强点儿

么？及至到了鸽市上，认识他的那些贩子们一口一个多甫大爷，反倒卖给他两对鸽铃，一对凤头点子。到家细看，凤头是用胶水粘合起来的。他没敢和大姐商议，就偷偷撤销了贩卖鸽子的决定。

变法的潮浪过去了，他把大松辫梳成了小紧辫，模仿着库兵，横眉立目地满街走，倒仿佛那些维新派是他亲手消灭了的。同时，他对福海二哥也不再那么表示钦佩。反之，他觉得二哥是脚踩两只船，有钱粮就当兵，没有钱粮就当油漆匠，实在不能算个地道的旗人，而且难免白莲教匪的嫌疑。

书归正传：大舅妈拜访完了我的姑母，就同二哥来看我们。大舅妈问长问短，母亲有气无力地回答，老姐儿们都落了点泪。收起眼泪，大舅妈把我好赞美了一顿：多么体面哪！高鼻子，大眼睛，耳朵有多么厚实！

福海二哥笑起来："老太太，这个小兄弟跟我小时候一样的不体面！刚生下来的娃娃都看不出模样来！你们老太太呀……"他没往下说，而又哈哈了一阵。

母亲没表示意见，只叫了声："福海！"

"是！"二哥急忙答应，他知道母亲要说什么。"您放心，全交给我啦！明天洗三，七姥姥八姨的总得来十口八口儿的，这儿二妹妹管装烟倒茶，我跟小六儿(小六儿是谁，我至今还没弄清楚)当厨子，两杯水酒，一碟炒蚕豆，然后是羊肉酸菜热汤儿面，有味儿没味儿，吃个热乎劲儿。好不好？您哪！"

母亲点了点头。

"有爱玩小牌儿的，四吊钱一锅。您一丁点心都别操，全有我呢！完了事，您听我一笔账，决不会叫您为难！"说罢，二哥转向大舅妈："我到南城有点事，太阳偏西，我来接您。"

大舅妈表示不肯走，要在这儿陪伴着产妇。

二哥又笑了："奶奶，您算了吧！凭您这全本连台的咳嗽，谁受得了啊！"

这句话正碰在母亲的心坎上。她需要多休息、睡眠，不愿倾听大舅妈的咳嗽。

二哥走后，大舅妈不住地叨唠：这个二鬼子！这个二鬼子！

可是"二鬼子"的确有些本领，使我的洗三办得既经济，又不完全违背"老妈妈论"的原则。

 # 卡秋莎姨妈

文 萨 娜

许多年之后的今天，我依然认为，卡秋莎姨妈是我一生见过最美丽的女人。

当她和丈夫带着四个洋娃娃似的孩子搬进我们的居民大院时，那些女人就在背后叫她"米吉斯"。妈妈说"米吉斯"是苏联人的意思。当然她没有告诉我另外一层意思。后来我从别的女人嘴里得知，她是白俄后裔，是外国坏蛋。

他们成为我家的邻居。卡秋莎姨妈的丈夫是中国人，长相英俊却脾气暴躁。隔着他家高高的木障子，我经常看见他在院子里恶声恶气地喊叫。没什么理由，他就想嚷嚷。后来，别的小朋友告诉我，那个男人也是坏蛋，他在外面有女人，想离婚，而卡秋莎，孩子们都直呼她的名字，卡秋莎不愿离婚，她不想让四个孩子失去爸爸。因为她全家被德国鬼子的炸弹炸死了，她知道孩子没有父亲的痛苦。

我喜欢卡秋莎姨妈，她的美丽像冬日的阳光那样，一下子照亮了我孤独的童年。没有谁关心我的孤独，我常常躲在随便哪个角落默默哭泣。我搞不清楚自己为什么哭泣，妈妈也搞不清楚，她认为

我是个麻烦的孩子。她很忙,像女八路那么忙,她挺着平板的胸脯走路、做事,很少抱我一下。

而卡秋莎姨妈总会在她家的院子里喊:"小萨娜,乖孩子过来吧。"我飞快地跑过去,被她抱在怀里,然后一起等着烤炉里的馅饼出炉。其实,那只是胡萝卜馅饼,但在我的记忆里,却是天下最好吃的馅饼,因为是卡秋莎姨妈亲手做的。

她抱我的时候,我很想摸摸她高高的乳房。大院里的女人们和妈妈一样,胸部都很平坦。而卡秋莎姨妈的衣服下仿佛藏着美妙的甜果。那些已婚妇女,当着我们这些孩子的面说苏联娘们都是奶牛。可我不相信她们的话,因为卡秋莎姨妈的甜果让我感觉得到母性的温暖,尽管我为自己的想法而害羞,最后还是鼓起勇气说出来。她听完哈哈大笑抱起了我,让我摸摸那个地方。她说,可怜的孩子,生下来连妈妈的奶都没吃过,所以你好奇。

那年秋季我上了学。课间操或体育课时,我常常跑到那道铁丝网围成的栅栏边找卡秋莎姨妈。对面那栋高大的木克楞房子是一家疗养院,里面住着十几个伤残的苏联红军。她在那里当护理员,每天照顾伤残军人的起居,为他们洗那些粗厚的被单、擦玻璃。每当我出现在栅栏边,她便快步跑过来,然后蹲下来问我学了哪些字,我便在地上写给她看。有一天,她忧伤地告诉我,那些伤残的军人要回国了,她也很想回国。我一下子难过起来,我不让你走,我抽泣地说,你走了我就见不到你了。她从栅栏那边伸过手抚摸我的头顶说,我带你走吧,可怜的孩子。

那些伤残军人里,果利嘎叔叔伤势最重。大学二年级时他就参加了反法西斯卫国战争,以后,又和苏联红军一起援助中国人民抗战。一颗罪恶的子弹打伤了他的头部神经。在疗养院里,他像孩子一样依赖卡秋莎姨妈,只有她才能让他安静下来。

他成了我的朋友。他告诉我他想念祖国,他教我学俄语,教我如何发卷舌音。那个冬季雪下得很大,我很少能见到果利嘎在院子

里散步。我从卡秋莎姨妈嘴里知道,我们生活在大兴安岭的肚脐眼里,周围是浩瀚的原始森林,和西伯利亚森林一脉相承。

果利嘎叔叔终于出现了。他坐在卡秋莎姨妈拉的手推车上,身上围着厚厚的军用棉被。一个雪团飞到我脚下,我看见卡秋莎姨妈手里拿着一个雪团正冲着我微笑,我便飞快地跑到他们身边。果利嘎叔叔又犯病了,但他居然认出了我,他叫着我的名字,尽管声音很低,我还是听清楚了。我没想到他变得那么瘦,苍白的脸色比雪还白。

那年的深冬里,果利嘎叔叔走了。卡秋莎姨妈告诉我,他去了天堂。她说这些话时,美丽的眼睛里噙满泪水。

那年深冬里,卡秋莎姨妈领着四个孩子亦离开了家,她和丈夫离了婚。她走得无声无息,大院里的邻居谁也不知道她什么时候离开的。

我不明白她为什么没跟我道别。那段日子我丢了魂,经常梦见她站在浓郁的阳光里向我伸出手,仿佛要拥抱我。她那么美丽,像歌声一样美丽。

"妈妈。"我从梦里坐起来小声说。

我妈妈急急忙忙从外边走进来,焦急地问:"你怎么了?"

我知道我喊的不是她……

奶奶的手

文 [韩]李美爱　佟晓莉/译

父亲在一家小公司工作,很辛苦地赚钱养家。为了替父亲分

担一些任务,奶奶上山挖野菜,整理完再把它们卖掉,以此来贴补家用。这样,奶奶一整天都泡在山上,挖完野菜回来后,拣菜一直要拣到后半夜。然后,在东方渐渐露出鱼肚白的时候,奶奶就头顶菜筐,穿过山路,去市场卖野菜了。

"这位大姐,买点野菜吧。给你便宜点!"

尽管奶奶很辛苦地叫卖,但比起生意兴隆的日子,生意清淡的日子总是占大多数。

我很讨厌没有奶奶的房间,因为那会让我备感孤单;也很讨厌奶奶挖山野菜,因为只要我一做完作业,就必须帮奶奶拣菜。而这个脏活儿,常常把我的指尖染黑。如果那样,无论用清水怎么洗,那种脏兮兮的黑色总是洗不掉,让我懊恼极了。

有一天,发生了一件让我措手不及的事儿。

"礼拜六之前,同学们一定要把家长带到学校来,记住了吗?"老师对我们说,"学校要求学生们带家长到学校,主要是为了商量小学升初中的有关事宜。"

别的同学当然无所谓,而我……能和我一起到学校的,只有奶奶一个人。

听到老师的话,我无奈地叹了一口气。

"唉……"

寒酸的衣服、微驼的背……最要命的,是奶奶指尖那脏兮兮的黑色!

不懂事的我,掩饰不住内心的焦虑,不知道该怎么办才好。

不管怎么样,我都不愿让老师看到奶奶指尖的颜色。我满脸不高兴地回到家,犹犹豫豫地说道:"嗯,奶奶……老师让家长明天到学校。"

虽然不得不说出学校的要求,但我心里却暗自嘀咕:唉,万一奶奶真的去了,可怎么办啊?我心底备受煎熬,晚饭也没吃,盖上被子,蒙头大睡。

第二天下午,有同学告诉我,老师让我去教务室。还没进屋,我忽然间愣住了,几乎在一瞬间,我的眼睛里充满泪水!

"呀,奶奶!"

我看见老师紧紧握住奶奶的手,站在那里。

"智英呀,你一定要努力学习,将来好好孝顺奶奶!"

听到老师的话,我再也忍不住,顷刻间眼泪夺眶而出!

老师的眼角发红,就那样握着奶奶的那双手。那是怎样的一双手啊:整个手掌肿得很大,红色的伤痕斑斑点点!

原来,奶奶很清楚孙女为自己的这双手感到羞愧,于是整个早晨,她老人家都在用漂白剂不停地洗手,还用铁屑抹布擦手,想去掉手上的黑色!结果,手背上裂开了大大小小的口子,血从里面流了出来。

看到那一双手,我才懂得了奶奶那颗坚忍而善良的心!

 ## 骑着单车的父亲 文俞 晴

父亲今年50岁了。回想那些在父亲呵护下成长的日子,我从未见他有过丁点的消沉、灰心和放弃,却总是被他的刻苦和执著所感动。

父亲是勇于进取的,他深深地爱着他的事业。作为一个徽州的文化人,父亲很钟情徽州的老房子。他常常告诉我:看着那些保存完好的老房子一点点地消失,一点点被现代城市的尘嚣湮灭,他总是感到无能为力的痛心。他唯一能做的,就是用相机赶在它们消失

之前留住它们的身影。

带着这样的理想和激情,几年前父亲开始为《老房子》系列图书的《皖南徽派民居》忙碌。他经常是穿个摄影的小背心,背上三脚架和相机,兴致勃勃地去乡下采风,而且是一去十多天才回。他骑着自行车跑遍了皖南大大小小的乡村。乡下的土路不平,父亲还曾摔过一个大跟头,腿也摔坏了,相机镜头也砸扁了,但他仍是乐此不疲。我喜欢在父亲拍回照片后,在他的暗房里暗红的光线下看一块块精致的木雕、一幢幢朴实的老房子和一座座黑白层叠的民居群落渐渐地从纸上显形。

父亲是最早加盟《老房子》图书作者队伍的,如今《老房子》图书已经发展成一个丰富的系列。每次在书店看到这套精美的丛书的时候,我就想起父亲那个时候风尘仆仆的样子,想起父亲当日把那本带着油墨清香、色彩像徽州老房子一样黑白分明的图文集拿给我看时脸上的欣喜。

父亲每次有了小的成果总是喜欢兴冲冲地告诉我,我自然是非常享受他在我面前的那点小小的自豪和欢喜。他也经常把他的作品拿给我看询问我的意见,我偶尔会开玩笑说他画的鸟像水里的鱼,画的鱼却像天上的鸟。那年父亲设计邮票《董永与七仙女》,他给我看他的初稿,想从我这里得到一些鼓励和褒扬,我却故意说"乱糟糟的"。后来在安庆举行了那套邮票的首发式,父亲打电话向我乐滋滋地说:"今天好多人找我签名,我手不停笔地签了6个多小时,还有那么长的队伍排在面前。"那一刻,电话那头的父亲像孩子一样的欢喜。

离开故乡北上求学屈指数来也有4个年头了,每次寒暑归乡都发现父亲母亲一天天老去。只是已经"知天命"的父亲还是一如往日的乐观和旷达,闲暇时候父亲依然蹬着他的单车背着相机,在"吱吱呀呀"的伴奏声中向着美丽的乡间翩然而去。

18 岁的姐姐

文 毕淑敏

许多年前,我在一座很高的山上当兵。那座山叫昆仑山。

昆仑山有一个漫长的冬季,长得叫人忘掉一年当中还有其他季节。

昆仑山距平原很远很远。远得让我们这批小女兵几乎怀疑世界上还有平原存在。

冷和高使得平凡的蔬菜成为一种奢侈。属于温暖和平原的蔬菜,要经过汽车一个星期的颠簸才能抵达高原。它们要么像植物标本,干燥萎黄,纸一样菲薄;要么碧绿得令人生疑;用手一弹,果然发出翡翠般的金石之声——途中遭遇了暴风雪,暴风雪使蔬菜们永远年轻。

没有鲜菜吃,后勤部门就每月给大家发其他的吃食以弥补亏嘴。有水果罐头、核桃、葡萄干、花生米、白砂糖……农村来的兵,舍不得吃,便把这些好东西攒起来,探亲时与家人共享。只可怜了那些汽车兵,他们万里迢迢地将物品拉上昆仑山,又万里迢迢地把它们从昆仑山拉下去。

发的食品可谓五花八门,可是奇怪从不发块糖。不知山下的军需部门是无意间疏忽了,还是认为真正的军人不宜在嘴里含着糖。

能够随便在嘴里含着糖,听坚硬的糖块把牙齿敲出搪瓷碰撞般的声音,感觉尖锐的糖块在温暖的舌尖变得圆润光滑……真是少年人最美妙的享受之一。我们当时不过十六七岁,在一个风雪弥漫的早晨,不知谁说了一声:真想吃块糖啊!我们从此就朝思暮想在嘴

里含块真正的水果糖!

希冀只要一萌生,除了实现它,你别无他法。

我们没有块糖,但我们有砂糖。好像是当年古巴贸易给我们的货色,像海滩上的沙砾,淡黄色很粗大的颗粒。我们取出牙膏牙刷,用空牙缸盛上古巴糖,放在炉火上烤。糖堆就像雪人似的塌陷下去,融为杏黄色裹着泡沫的糖浆。

"这叫糖稀。"一位年龄最大的女兵说。她已经18岁了,是我们的姐姐。

但糖稀怎么才能变成块糖呢?见多识广的姐姐指挥我们去提一桶水来。

昆仑山的水好冷啊!万古不化的寒冰所融之水,发出幽蓝色的荧光。那袅袅上升的森然冷气,像雾一样盘绕在桶的四周。

水提来了,我们不知道它有什么用。18岁的姐姐端起牙缸,把冒着泡的糖稀缓缓倾于冰水之中。

糖稀吱吱叫着急遽下沉,好像一串被击中了的黄鸟。它们在水中凝固成一粒粒橙黄色琥珀样的颗粒,略作沉浮,便如一颗颗精致的小水雷,蛰伏在水底。

18岁的姐姐有条不紊地操作,我们看得发呆。

"愣着干什么?快拿勺子到桶底去舀着吃,这是真正的糖豆啊!"18岁的姐姐大声招呼我们。

这种真正的糖豆松软酥脆,冷得像一枚枚小冰雹。但它的确能与牙齿碰出悦耳的声响,能在舌尖迅速缩小……我们便吃得十分惬意。

我们的吃速比糖豆的生产要快得多,不一会儿,桶底便被捞净。我们就眼巴巴地看着18岁的姐姐制造糖豆。她制作得越多,我们吃得越快,突然有人发现,18岁的姐姐一直在为我们操劳,她自己连一粒糖豆还没吃上呢!

"这一锅给你吃!"我们异口同声地说。

所谓一锅,就是一刷牙缸子煮沸了的古巴糖糖稀。昆仑山缺氧炉火不旺,要融好一缸糖稀,也得耐心用勺子搅拌一段时间。

18岁的姐姐接受了我们的好意,格外精心地操作着。糖稀冒泡了……糖稀变成橘红色了……糖稀散发出蜂蜜一样略带苦涩的清香……这是最妙的火候了,我们知道,18岁的姐姐要从从容容地制出一盘最甜最美的糖豆来了。

是时候了! 18岁的姐姐高高举起牙缸,糖稀漾出一道美而红亮的弧线,砰然溅落水中。

想象中该出现珊瑚珠一样晶莹的糖豆了……时间一秒钟一秒钟逝去,糖球像被恶人施了魔法,隐匿着不肯出现,只见澄清的桶水渐渐变得混浊,犹如一股橙色牛奶注入其中。

这是怎么回事,是谁把糖豆藏起来了?

我们面面相觑。

18岁的姐姐想了想说:"也许是水不凉了,所以糖稀不再凝结为糖豆……"

我们将信将疑,伸出舌尖去舔桶里的水。

水很甜很温暖,带有一种奇异的味道,好像一个在太阳下成熟的果子挤出的浆汁。

18岁的姐姐终于没能尝到她亲手制作的糖豆,一粒也没有。

我们拎起桶要换一桶新的冰水,她说别去别去。这桶水里溶进了这么多砂糖,不喝太可惜。说着,她喝了满满一碗。

我们不知道该怎么谢18岁的姐姐,只有同她一道喝那温暖甜蜜而又挟带冰雪气息的凉水,一碗又一碗……

许多年过去了,那水的奇异味道一直存于我的舌尖……

我们家的男子汉

文 王安忆

没有男人的世界是不堪设想的。写谁呢？想来想去，想到了我们家里的一条男子汉。

那是姐姐的孩子。他们夫妻两人本不愿要孩子，他的出生完全出乎不得已。因此，生下他后，他年轻的父母便像逃跑似的跑回了安徽，把他留在家里。从此，我的业余时间就几乎全用来抱他。他日益地沉重，日益地不安于在怀里，而要下地走一走，于是我便牵着他走。等到他不用牵也能走的时候，他却珍惜起那两条腿儿，不愿多走，时常要抱。历史真是螺旋形地上升。

这是一个男孩子，这是一个男人。

他对食物的兴趣

"他吃饭很爽气。"带他的保姆这样说他。确实，他吃饭吃得很好，量很多，范围很广——什么都要吃。而且吃得极有滋味，叫人看了不由得也会嘴馋起来。当然，和所有的孩子一样，他不爱吃青菜，可是我对他说："不吃青菜会死的。"他便吃了，吃得很多。他不愿死，似乎是深感活的乐趣的。他对所有的滋味都有兴趣，他可以耐心地等上三刻钟，为了吃小笼包子；他会为他喜欢吃的东西编儿歌一样的谜语。当实在不能吃了的时候，他便吃自己的大拇指，吃得十分专心，以至前边的嘴唇都有些翘了起来。当《少林寺》风靡全国时，他也学会了一套足以乱真的醉拳。耍起来，眼神都恍惚了，十分逗

人。他向往着去少林寺当和尚。可是我告诉他,当和尚不能吃荤。他说:"用肉汤拌饭可以吗?""不可以。""那么棒冰可以吃吗?"他小心地问。是问"棒冰",而不是冰淇淋,甚至不是雪糕。"那山上恐怕是没有棒冰的。"我们感到非常抱歉。

他对父亲的崇拜

他和父母在一起的时候很少,和父亲在一起,就更少了。假如爸爸妈妈拌嘴,有时是开玩笑地拌嘴,他也会认真起来,站在妈妈一边攻击爸爸,阵线十分鲜明;并且会帮助妈妈向外婆求援。有一次因为他叙述的情况不属实,酿成了一桩冤案,父子两人一起站在外婆面前对证,才算了结了此案。然而,假如家里有什么电器或别的设施坏了,他便说:"等我爸爸回来修。"有什么人不会做什么事,他会说:"我爸爸会的。"在他的心目中,爸爸是无所不能的。有一次,他很不乖,我教训他,他火了,说:"我叫爸爸打你。"我也火了,说:"你爸爸,你爸爸在哪儿?"他忽然低下了脑袋,嗫嚅着说:"在安徽。"他那悲哀的声音和神情叫我久久不能忘怀,从此我再不去破坏他和他那无所不能的爸爸在一起的这种境界了。

他对独立的要求

不知从什么时候起,和他出去,他不愿让人搀他的手了。一只胖胖的手在我的手掌里,像一条倔犟的活鱼一样挣扎着。有一次,我带他去买东西,他提出要自己买。我交给他一角钱。他攥着钱,走近了柜台,忽又胆怯起来。我说:"你交上钱,我帮你说好了。""不要,不要,我自己说。"他说。到了柜台跟前,他又嘱咐我一句:"你不要讲话噢!"营业员终于过来了,他脸色有点儿紧张,勇敢地开口了:"同志,买,买,买……"他忘了他要买什么东西了。我终于忍不住了:"买一包山楂片。"他好久没说话,潦草地吃着山楂片,神情有些沮丧,我有点后悔起来。后来,他会自个儿拿着5个汽水瓶和1

元钱到门口小店换橘子水了。他是一定要自己去的。假如有人不放心,跟在他后面,他便停下脚步不走了:"你回去,回去嘛!"我只得由他去了。他买橘子水日益熟练起来,情绪日益高涨,最终成了一种可怕的狂热。为了能尽快地拿着空瓶再去买,他便飞快而努力地喝橘子水。一个炎热的下午,我从外面回来,见他正在门口小店买橘子水。他站在冰箱前头,露出半个脑袋。营业员只顾和几个成人做生意,看都不看他一眼。他满头大汗地、耐心地等待着。我极想走过去帮他叫一声"同志",可最后还是忍住了。

他的眼泪

"他哭起来眼泪很多。"这是一个医生对他的评语。每当眼泪涌上来的时候,他总是一忍再忍,把那泪珠儿拦在眼眶里打转。他从不为一些无聊的小事哭,比如不给他吃某一种东西啦,没答应他某一种要求啦,碰痛了什么地方啦。他很早就开始不为打针而哭了。他尤其不为挨打哭。挨打就够屈辱了,何况为挨打哭,因此,挨打时,他总是说:"不痛,不痛。"甚至哈哈大笑起来,很响亮很长久地笑,两颗很大的泪珠便在他光滑饱满的脸颊上滚落下来。后来,他终于去了安徽和爸爸妈妈在一起生活了。有一次,我给他写信,信上说:"你真臭啊!"这是他在上海时,我时常说他的一句话。因为他很能出汗,无论冬夏,身上总有一股酸酸的汗味儿。据姐夫来信说,他看了这句话,先是大笑,然后跑进洗手间,拿起一块手巾捂住了脸。他用拼音字母回了我一封信,信上写:"王安忆,你真是一个好玩的大坏蛋!"这也是他在上海时,时常说我的一句话。

他面对生活挑战的沉着

当他满了两周岁的时候,我们决定把他送托儿所了。去的那天早晨,他一声不响,很镇静地四下打量着。当别的孩子们哭的时候,他才想起来哭。哭声嘹亮,并无伤感,似乎只为了参加一个仪式。

每天早上,送他去托儿所都很容易,不像我们姐妹几个小时候那样,哭死哭活不肯去。问他喜欢托儿所吗?他说:"不喜欢。"可是他明白了自己不得不去,也就坦然地接受了这个现实,不作任何无效的挣扎。据老师说,他吃饭很好,睡觉很好,唱歌游戏都很好,只不过还有点认生。然而,他迅速地熟悉起来,开始交朋友,打架,聚众闹事。每日里去接他,都要受到老师几句抱怨。

在他4岁的那年,他的老保姆病了,回乡了,他终于要去安徽了。他是极不愿意去的。他的父母对于他,更像是老师,严格有余,亲切不足。并且,亦喜亦怒,全听凭他们的情绪。走的前一天,他对外婆说:"外婆,你不要我了,把我扔出去了。"外婆几乎要动摇起来,想把他留下。上海去合肥,只有一班火车,人很多。车门被行李和人堵满了,大人们好不容易挤上了车,留下他在月台上。他真诚地着急起来:"我怎么办呢?"我安慰他:"上不去,就不去了。"他仍然是着急,他认为自己是非走不可的了。车快开了,姐姐说:"让他从窗口爬进来吧!"我把他抱了起来,他勇敢地抓住窗框,两只脚有力地蹬着车厢,攀上了窗台。窗口边的旅客都看着他,然后不约而同地伸手去抱他。他推开那些妨碍他的手,抓住一双最得力的,跳进了车厢,淹没在济济的人群里了。

这就是我们家的男子汉。看着他那样地一点儿一点儿长大,他的脸盘的轮廓,他的手掌上的细纹,他的身体,他的力气,他的智慧,他的性格,还有他的性别,那样神秘地一点一点鲜明,突出,扩大,再扩大,实在是一件最最奇妙的事情了。

我有一个初中学力的老师

文 童天红

那年,我下乡进山,不久便当了老师。山里孩子从来没有学可上,山外有学校,但要走18里路,翻几座山。我经常教山里孩子学一些常用字,村长受了感动,腾出自家的一孔破窑洞,开了几次大会动员大家让孩子上学,说让我这个知识青年给山里的孩子传授点知识。

第一个报名的是王岁娃,他哭求父母多次才成功。好多天,我就教这一个学生,他11岁,读一年级。后来陆陆续续有孩子报了名,岁娃当了班长。我考上大学回城时,岁娃带着一班学生送我,送了18里路,我劝了几次,孩子们集体跪了几次,岁娃的眼泪就像小河一样淌着。

我毕业后还是当老师。有一年,王岁娃来看我,给我送了一袋红薯,说他上高中了,是山里第一个上高中的孩子,我高兴得泪流满面。后来,听说他回山里继承了我的事业——教那些孩子文化知识。我多次想去看看他,但日子越来越忙碌,竟一次也没去成。

我越来越想念山里教书的那段日子,因为现在越来越觉得与学生及家长之间的关系复杂得难以应付,做一个好老师越来越难。前不久,一个富家少爷来看我,他是我教私立中学时班上的一个学生,因屡次调戏女生被我请求校方开除。他是开着小车来的,一身名牌,满脸得意,对我说我最喜欢的两个上了大学的学生现在在他手下打工,还拿出1万元钱给我。我一下子火了,把钱扔给他,怒吼着赶他

出门,一直吼到他钻进车里逃走。

时隔数日,王岁娃来看我。

这是我几十年来最高兴的一件事,他穿着崭新的西装,显然已不是当初的那个穷娃了。他说他也办厂了,山里小学也有瓦房了,现在教学的是他的一个学生,叫王腊娥。他给了我600元钱,让我把破自行车换了。走时他特别交代说他生意忙,今后会让腊娥来看我,不让我去山里,因为太远。

我对四邻说这些时,隔壁的刘姐最好奇,一遍又一遍问我岁娃的详细情况。她提醒我应该去山里看看,看看岁娃现在到底怎么样。我有点纳闷了,问她到底是怎么回事。

最后,她流泪了,说岁娃上次来看我的前一天就来过了,我不在,她正在门口,岁娃问起我,她就把我这些年的情况告诉了岁娃,还特别说了那天那个浑蛋学生来刺激我的事。岁娃听罢哭了,哭着求她一件事,让她千万别对我说起他来过,什么也别说,他要第二天再来,他要让他的老师高兴一次!结果,第二天他就换了一身新装来了,而前一天他穿的还是有补丁的衣服,一副病态……

我听后,大吃一惊。

第二天,我就往山里奔。

7小时的长途汽车,然后步行15里路才有山里的人家。我从第一户人家就开始打听,乡亲们提起岁娃就流泪……我的心碎了。原来,岁娃考上高中那年父母病故,他成了孤儿。他回到山里,请求村长把停了几年的小学再办起来,他要学我当一个好老师。

学生是他挨家挨户去求来的,从一两个到几十个。他一直没工资,也坚决不吃大家的饭,教学之余他种地,还种了山药,因为山药能卖点钱补贴最贫困的学生。由于太穷,他一直没有结婚。就在前几年,他的学生王腊娥也成了孤女。

腊娥是他一手帮助扶持到中学的,辍学后求村长做媒,她要跟岁娃过一辈子。腊娥比岁娃小18岁,二人婚后就一起教学一起种

地。去年,岁娃生病,直到吐血,腊娥强拉他进城检查,结果是得了肺癌,交不起医疗费又回来了。腊娥和乡亲们凑了几个月也没能凑够医疗费,岁娃就这样走了……

几个乡亲带我去见腊娥。她正在给学生上课,我让乡亲们都回家,我在门外听了一阵。她讲得真好,学生们也非常听话,一问百应,这情景在城里是绝难看到的。

下课了,腊娥出门看见我。她虽然没见过我,但马上就知道我是谁了,她声泪俱下地叫了一声"老师"就扑过来,笑着哭,哭着笑。她转身对学生们说:"这是你们老师的老师!"学生们围过来叫我:"老师爷爷……"

腊娥带我去看岁娃。

跪在岁娃的坟头,我悲痛地哭道:"你为什么骗我!你为什么要用一条命来让我高兴一次!我本来可以救你的啊……"

腊娥劝我说:"那也是岁娃走之前最高兴的一件事了,那病也是晚期了,他去看你本来就是想见你最后一面……"

我对着岁娃的坟轻轻喊了一声:"老师!"他真的是我的好老师,一个能让我继续当好老师的老师。

我肯定能行

文 刘 艺

那年,本以为能考上重点大学的我却意外落榜了。我回到了老家。曾经的梦想,曾经的豪情壮志如水蒸气一样被蒸发了。我心里想的是面朝黄土背朝天过一辈子。回到家的第三天,村小学的老校

长找到我,他说学校里缺老师,希望我能去给孩子们当老师。起初,心灰意冷的我怎么也不想做。最后,在父母的劝说下,我勉强答应下来。

　　我们的村小学是周围几个村子共有的一所小学,有10个班,大约300名学生,我担任四年级两个班的语文课老师。第一次以老师的身份走上讲台,学生们给了我热烈的掌声。我没有做自我介绍就开始讲课,因为我实在对教书没有什么激情。一堂课下来,我也不知道自己都讲了些什么。下课铃一响,我刚要走下讲台,突然有个孩子站起来说:"老师,您还没有告诉我们您的名字。"我循声望去,是坐在最后面角落里的一个男孩子。我看了看他,说:"你们以后喊我刘老师就可以了。"说完,我走下了讲台。刚走到门口,我又听见那个男孩子大声喊:"刘老师,我叫王勇敢,小名铁蛋。"我回头冲他一笑,走出了教室。身后,我听见了同学们哄笑的声音。我心里想:这个王勇敢,可真够勇敢的。

　　第二天上课的时候,我特意把目光投向了教室最后面的那个角落,看见王勇敢正仰着微微有些黑的小脸,看着我呢。那堂课,我故意点了王勇敢的名,让他来读课文。我刚点完名,下面便爆发出一阵哄堂大笑。我觉得很奇怪,示意同学们安静。王勇敢站起来,两手捧着课本,读了起来。当他读完课文后,我终于知道了同学们哄堂大笑的原因。王勇敢读得错字连篇,他把"坡"读成"披",把"猎"读成"猪"。看来,王勇敢的学习成绩够差的。尽管他读错了许多字,同学们不时地笑他,但他好像一点儿也不在乎,脸上带着憨憨的笑,仿佛他读得很好。

　　下课后,在办公室里,我和一位老师聊起了王勇敢。这位老师说:"那个孩子学习差得很,他9岁才上学,没上一、二年级,去年直接念的三年级,怎么能跟得上呢?"我问:"那他怎么上学这么晚?""这孩子说起来很可怜,他家在前面的张庄,他爹去年出外打工被车撞死了,他娘扔下他改嫁了,他跟着爷爷奶奶生活。"我心里"咯噔"一

下，我无法把这么悲惨的身世同那个脸上带着憨笑、看起来很快乐的男孩子联系起来。

放学后，在回家的路上，我看见了王勇敢。他背着一个很破旧的布书包，别的孩子都是三五成群地走在一起，他却是一个人走在路边，嘴里还嘀咕着什么。我紧走几步，走到他身边。他看见我，笑着说："老师，您好！"我点点头。"王勇敢，你走路怎么嘴还不闲着，一个人嘀咕什么呢？"我摸着他的头问。"老师，我在背课文。"他说着，从书包里拿出语文课本，翻到其中一页，指着一个字问我，"老师，这个字念什么？"我看了看，那个字是"翼"。我说："这个字念'翼'。以后遇到不认识的字，老师不在你就查字典。""老师，我没有字典，爷爷说等我语文考90分，他就会给我买本字典。我一定能的。"他说着攥了攥小拳头。回到家里，我把自己上学时用的字典和文具盒等一些学习用品找了出来，想把它们送给王勇敢。看着这些曾经伴我苦读的学习用具，我想起了自己苦读的日子，不由得一声叹息。我把字典和文具盒拿到学校，送给王勇敢。他接了过去，低下了头。我说："王勇敢，你可要爱惜它们哪。"

放学后，我正急匆匆地往家赶，突然身后有人喊："刘老师，您等一等。"我停下来，不用转身看，听声音我就知道是王勇敢。他跑到我面前，仰起头说："老师，我一定要考个90分给您！"我看见他的眼里泛起了泪花。我笑了，摸着他的头，和他一起并肩走。"王勇敢，你觉得哪门课学起来最难？"我问他。"哪一门课都难，但我想哪一门课都要学好，要赶上去。不然，爷爷就不让我上学了，我将来还要上大学呢。"他的话充满自信，又略带忧伤。不知道为什么，他的话一下子击中了我。为什么我连一个孩子的勇气和自信都没有呢？

期中考试，四门功课，王勇敢只有数学及格了。我担心知道自己的成绩后，王勇敢会难过，就想找他谈心，安慰安慰他。没想到，我还没找他，他却找到我的办公室来了，他很高兴地对我说："老师，我的数学这次及格了！"看他一脸兴奋的样，我有些愕然，刚刚及

格,怎么这么高兴呢?"老师,这是我第一次考及格,我想,很快我就能给您个90分了,您等着瞧吧!"王勇敢说完,就跑出了办公室,像一只快乐的小鸟。

我怎么也想不明白,一个遭遇这么悲惨、学习成绩被别人远远抛在后面的孩子怎么会有这么难得的自信,这么难得的乐观?而我,曾经的豪情壮志经不起一次落榜的打击,曾经的梦想不知丢到哪里去了。那个学期,王勇敢是班里唯一没有缺课没有迟到的学生。虽然他没有考到90分,但是期末考试他四门功课全部及格了,尤其是语文成绩,竟然考了82分。虽然他没考到90分,但他并未感到沮丧,只是很认真地对我说:"老师,我能行的,我一定能考90分给您,您等着瞧吧!"

第二学期,我也成了一名学生,只不过是自学。我决定通过自学考试来拿文凭,我决定在心中重新把我的梦想树立起来,把曾经的豪情壮志找回来。

现在,我已经成为一所重点中学的特级教师,而当年那个自信、乐观的小男孩王勇敢已经在上海一所大学读书。我生日那天,收到他寄来的贺卡。他在贺卡上就写了一句话:谢谢您老师,请相信我能行!看着贺卡,我的思绪又飘回到了那段岁月。我想,应该说谢谢的是我,是当年那个自信乐观的小男孩给了我自信和力量。他的那句"我能行的"给了他力量也给了我力量,使我们满怀希望地走过了人生路上的一段坎坷日子。

每一学年开学,我都把王勇敢和我自己的故事讲给我的学生听,我希望他们无论家庭是贫是富,学习成绩是好是差,无论遇到多大的挫折,都不要灰心,要坚信"我肯定能行"。

梦里有你

文 赵悠燕

罗威刚要出门,接到一个电话:"罗威啊,我是李台阳。好,我马上就过来。"

罗威想:和李台阳这么多年没联系了,自己刚升职,莫不是……

门铃响了,门开处,伸进一个乱蓬蓬的脑袋,一只黑色的塑料袋子"嗵"地放在地板上。

罗威说:"是台阳啊,快请进。"

坐在沙发上,罗威递烟给李台阳。李台阳抽出一支,凑在鼻子上闻闻,说:"罗威,你混得不错啊。"

"听说你要来,特地去超市买的。"罗威用打火机给他点烟。

李台阳嘻嘻一笑,放下烟,说:"那么破费干吗?我早戒了,那东西耗钱。"

罗威说:"那就吃些水果吧。"

李台阳也不客气,抓了个苹果,边吃边环顾房子,说:"你这房子够气派啊。"

罗威说:"我是'负翁'一个,现在每月还在还房贷呢。"

李台阳说:"你们夫妻俩都是白领阶层,这钱来得容易,债也还得快。哪像我们,能吃饱饭,不生病,孩子上得起学,就上上大吉了。"

罗威想,这像是要借钱的开场白吧。他说:"是啊,现在,谁都活得不容易。"

李台阳说:"你真是身在福中不知福。我打小就知道,你将来肯

定比我活得有出息。"

罗威说："哪里哪里,也是混口饭吃吧。"

李台阳正色道："你这样说就不对了,人要知足,对吧?"然后,又开起玩笑："你可不要犯错误啊。"

两人聊起童年时的事儿,说到小时候的邻居谁离婚了,谁出国了,谁还是那么一副臭脾气,一聊聊到快中午,李台阳还是没说他来的目的。

罗威说："台阳,咱们去外面馆子吃吧,边吃边聊。"

李台阳说："今天肯定不吃了,我答应老婆回家吃饭的。"仍然继续刚才的话题。

罗威见他一直不提正事,又没有走的意思,想到自己下午还有个会,又不好意思催促,心里便有些七上八下起来,心想可能李台阳不好意思自己提出来,便说："台阳,你还在摆地摊吗?不如找个固定的工作,做保安什么的,收入也比那强啊。"

李台阳说："我不喜欢做保安,我倒是想过自己租个门面,这样总比被城管赶来赶去强。"

罗威说："城管大队的人我倒是认识,你今后有什么麻烦的话,我可以帮忙。"

李台阳拍了一下罗威的肩膀,说："兄弟,有你这句话,说明我没有白惦记你。十多年了啊,你还是这般热心肠。好,我高兴,真是高兴啊。"边说边站了起来。

罗威说："吃了饭再走。"

"老婆还在家等着我呢。好,我走了啊。"

听着李台阳"嗵嗵"的脚步声一路下去,罗威低头看了看地板上的黑袋子,打开来一看,原来是自己小时候最喜欢吃的鱼子干。

罗威不知说啥好,忽然觉得自己特俗。

楼梯口又传来"嗵嗵"的脚步声,好像是李台阳的。罗威想:可能刚才他没勇气说出口,就冲这一袋子鱼子干,不管他提啥要求,自

己一定想办法帮他。

打开门,果然是李台阳,尴尬的脸上都是亮晶晶的汗珠。他不好意思地说:"你们这个小区像个迷宫,我绕来绕去总找不到大门。"

罗威说:"瞧我这粗心,应该陪你下楼去的。"说着,便和李台阳下了楼。走到楼下,李台阳去开自行车锁,那辆车和李台阳一般灰不溜丢、蓬头垢面。

罗威问:"你是骑车来的?"他知道李台阳住在西城,从那骑车到他这儿,起码要一小时。

李台阳说:"是啊,骑惯了。"

罗威说:"台阳,你有啥困难只管开口,我能帮的一定帮你。"

李台阳说:"没啥事,就想来看看你。"

罗威说:"咱多年都没联系了,你今天上门一定有事。你只管说,别开不了口。"

李台阳看看罗威,像下了决心似的说:"我说出来你可别生气。"

见罗威点头,李台阳说:"我昨晚做了一个梦,梦见你得了重病,很多人都围着你哭。这一醒来,我心里就七上八下的,连地摊都不想摆了。知道你混得好,我也不想打搅你。可这梦搅得我难受,连我老婆都催我来看看你,看你气色这么好,我就放心了。唉,梦呗,我这人还真迷信。"

罗威的眼睛红了,他一把抱住李台阳,说:"兄弟。"

我抚着石榴树向不远处望去,他仍旧在那儿不停地锉呀,锉呀。我仿佛看到,他是在锉着艰难的生活,锉着苦涩的童年,锉着我的一颗沉重的心。谁能为他配一把钥匙,去打开他童年的梦呢?

第三辑 纯真的笑脸

 # 很久很久以前，有一个小姑娘

文 陈祖芬

我生出来的时候，很瘦，妈妈不敢碰我的手指头。要是一碰就断了呢？

我一直生病。这天医生又来了，说不用给这孩子看病了，救不活了。

我是喝药长大的。一两岁时要喝水就喊"药，药"。妈妈喜欢看电影，她抱我去电影院，就怕电影中有人喝水。人家喝水我也要喝，我就指着银幕喊："药，药！"

上小学后，常常生病。我一人躺在床上，看石灰剥落的天花板。我从那斑斑驳驳中，看到童话中的宫殿、王子、公主，看到窈窕的身材、撑开的大裙，看到王子和公主的美丽的故事。每次生病，都有王子公主陪我。

假期里，爸爸天天早上教我和两个弟弟背古诗。我家住在3楼。夏天打开门，坐在楼道口很凉快。我和弟弟都坐在那里，拉开嗓子读诗。任何人只要一进我们这幢楼，就会听见我们3个6岁上下的孩子，用老辈人的拿腔拿调背祖先的祖先的诗文。

白天功课多，玩的时间少。我和弟弟相约，等爸爸妈妈睡着了，我们再爬起来玩，把白天拉长。爸爸妈妈是中学教师，没钱给我们买玩具。我们的玩具是自己攒的，譬如各种纸盒，最多的是装一块上海药皂的纸盒。夏天的夜晚，有月光，有星光。我们趴在地上，用

纸盒搭汽车。其实不是汽车,是连接起来的一幢幢奇特的房子,不过可以开动。我们用想象把这串房子开得呼呼的。

我有一个伟大的心愿。我要把全世界的童话书买来。我的世界就是上海,就是上海市我家附近的一个小书亭。我每考一个5分,妈妈给我5角钱。我每次考试后可以拿到一点儿钱,全部用来买书,从来没有在买书之外花过一分钱。我到底把这个小书亭里的童话书全部收集来了。后来,不知怎的一本一本都跑了。我一个也不记得是谁借了我的书。

我把生活也当作童话来读。我十来岁的时候,有一天,妈妈突然对我说,她是老虎变的。我转身就逃,逃进另一间屋,顶上门。那样子,大概像卡通片《鼹鼠的故事》里的鼹鼠,两只胳臂向前,两条小腿跑得飞快。

弟弟笑我,他们不相信妈妈是老虎变的。

我攒很多透明糖果纸。先用水浸透,然后贴在卫生间的瓷砖墙上,抚平。干了就揭下,平整而美丽。有一天,我又是一人在家生病,坐在沙发上看书。忽然听到卫生间里有一个老婆婆在弹手指甲,"噗噗"的。我缩在沙发里大气不敢出。妈妈快回家吧!妈妈下班回来了,我说妈妈卫生间里有一个老婆婆在弹手指甲!妈妈说什么呀!你自己贴一墙糖纸,一张张干了,"噗噗噗"地都翘起来了。

我相信所有的童话。这天我放学回家,进门就告诉妈妈一个新闻。我说老师说的,美国可穷了,美国的椅子,一坐就塌。

快小学毕业了,老师让我们做作文,题目是《我的志愿》。我想,我11岁了,上了中学就是大人了,我大起来要当女拖拉机手。老师说,苏联有很多很多拖拉机,苏联是最了不起的地方。

后来又后来,我都长到16岁了,妈妈常常用英语逗我:很久很久以前,有一个小姑娘,她的名字叫陈祖芬。16年前,我从一只垃圾箱边走过,听到里边哇哇地哭,我就把她抱了回来,她就是你。你不是我生的,是从垃圾箱里捡来的。

我急得哇哇乱叫,不让妈妈说下去。我一定要是妈妈生的,不是垃圾箱里捡来的。

可是妈妈每过一段又要用英语逗我:很久很久以前,有一个小姑娘……

女孩,女孩

文 薛 健

这小女孩有点冷僻。

小女孩才9岁,却患上一种顽症:红斑狼疮,住进了北京一家专科医院,由她姑父来陪护。她父亲来住过几天,却笨手笨脚的。她的母亲是一家公司的老板,只是常打电话寄钱来。这病也确实要花许多的钱。她的姑父是位下岗多年的工人,陪她在这儿住了半年多了,还要一直陪下去,一年,两年……很难说。他每天陪她吃药、打针、输液,还要辅导她的功课。你别瞧她才9岁,却是四年级的学生了,成绩一直是班上第一。她的作文写得很不错,在省里还得过什么大奖呢。

一天,我悄然走进她的病房,见她一人病恹恹地躺在床上玩扑克牌,满脸的落寞。她将扑克牌塞在枕头底下,目光幽幽地瞧着我,我心里一阵酸楚。

倏然,她姑父进来了,买来一袋她最爱吃的草莓。她却一颗也未吃,而是搂着她姑父的脖子偷偷地抽泣,继而哇哇地哭出声来,揪心撕肺一般。止不住的泪水啊,漫过她那白白嫩嫩的脸蛋儿簌簌往下流,流过脸颊,流淌在我心里……

一星期之后,我要走了。临走的那天晚上,我悄悄走到她的病

房前。蹊跷,燕子不在病房。

"叔叔——"我刚到传达室,耳后飘来一声柔弱而陌生的童音,我愕然惊喜:

燕子,是你!一股暖流骤然在我心中涌动。

燕子站在草地上,颠颠踬踬朝我走来,将一个信封送到我的手上,便悄无声息地走了。

借着月光,我将信拆开——"所有的人都对我很好,叔叔你也一样。世界上最好的人就是我的姑父。这次我病了,无论白天还是晚上,他都守在我的身旁。这信封内有800元钱,是我平时省下来的零花钱,请叔叔按信中说的地址寄到我姑父家去……"

信笺在我手里瑟瑟抖动……

配钥匙的孩子

在古城小巷,有个配钥匙的孩子,稚嫩的童音在朦胧的晨雾里袅袅升起。

当阳光梭子一般地织进小巷,他便蹲在小巷的一个角落里锉他的钥匙。

起初,我并不在意,大概是刚搬进小巷住的缘故吧。后来因为一把钥匙丢了,才有让他给配钥匙的念头。

我戴上眼镜,摸了几块钱,想去找那孩子配钥匙。妻子却不肯,说什么那孩子太小,不可靠。坚持要上街去找年龄大的师傅配。

妻子的话,我觉得也有道理,便让她去办这事。

约莫个把小时，妻回来了。高高兴兴地递给我配好的三把钥匙，说："花了两元四角，什么都涨价。"

我接过钥匙，往锁里使劲地伸，然后拼命地扭动，三把钥匙试过了，都打不开锁。我急得直冒汗，妻子也在一旁嘀嘀咕咕。

"你怎么搞的，连把钥匙都配不好，找的哪位'高手'？"我有些生气。

一气之下，我拿着钥匙来到巷子边找那配钥匙的孩子。

孩子见我径直向他走去，便和我打招呼："伯伯，您是来配钥匙吗？"

"是的，小朋友。我想配几把钥匙，你能行吗？"我还是有些担心。

"试试吧，给我。"

就在这一瞬间，我才打量起他来。黑黑的头发很浓，很密，上面蒙满了灰垢，脸很黄很黄，嘴角有一个小黑痣，眉毛弯弯的，细细的，眉下两颗纯净的瞳仁亮晶晶的。

他拿起锉来很吃力，可稚嫩的小手却能不停地翻动着使用，铝屑不断地飞扬，向他的鼻孔扑去，他毫不在乎，只将眼睛盯着手中的活儿。

他忽儿翻动着钥匙，前后摸摸，用小嘴吹一吹上面的铝屑，比比我的钥匙，忽儿又锉，还真有几分认真劲呢。

"你几岁了？"我问。

"12岁。"他操着外地口音答道。

"为什么不读书？"

"爹不在了，只有娘一个人种田，还有俩弟妹在家，我读不起书。"他的声音有几分沙哑，和他的年龄很不相称。

我似乎戳伤了他，后悔自己不该这样说。

我转过身，抹抹眼角，心里突然变得沉重起来。我的孩子也上十岁了，每天还要他妈妈帮他穿衣洗脸，早上吃牛奶、蛋糕，还挑三拣四。每天鱼肉不断，还不愿吃。星期天还要带他上公园。奶奶、

外婆还时常接他去玩、送他东西……而这孩子,十多岁就开始操劳生计了。

当我扭过身来时,他已把钥匙锉好。

他那布满黑灰的小手将配好的钥匙递到我的手心。我接过钥匙,摸着他那瘦小、冰凉的手,我的心在发颤。

"到我家喝杯牛奶去吧!"我有些激动。

"不了,我这手头还有好多活儿,谢谢您啦。"他腼腆地笑着说。

"这3把钥匙多少钱?"

"9角。"

"怎么这么便宜?"

"就这个价。"

"不,应该是两块。"我随手递给他两元钱。

"真的是9角。"他把一块一角钱硬塞给我。

回到家里一试,3把钥匙都能把门打开。我想去对那孩子说些什么,眼睛不禁有些湿润。

我抚着石榴树向不远处望去,他仍旧在那儿不停地锉呀,锉呀。我仿佛看到,他是在锉着艰难的生活,锉着苦涩的童年,锉着我的一颗沉重的心。谁能为他配一把钥匙,去打开他童年的梦呢?

豌豆上的公主

文 [丹麦] 安徒生

从前有一位王子,他想找一位公主结婚,但是她必须是一位真正的公主。所以王子就走遍了全世界,要想寻到这样的一位公主。

可是无论王子到什么地方,他总是碰到一些障碍。公主倒有的是,不过王子没有办法断定她们究竟是不是真正的公主,她们总是有些地方不大对头。结果王子只好回家来,心中很不快活,因为他是那么渴望着得到一位真正的公主。

有一天晚上,忽然起了一阵可怕的暴风雨。天空在掣电,在打雷,在下着大雨。这真有点使人害怕!这时有人在敲城门,老国王就走过去开门。

站在城门外的是一位公主。可是,天哪!经过了风吹雨打以后,她的样子是多么难看啊!水沿着她的头发和衣服向下面流,流进鞋尖,又从脚跟流出来。她说她是一个真正的公主。

"是的,这点我们马上就可以考察出来。"老皇后心里想,可是她什么也没有说。她走进卧房,把所有的被褥都搬开,在床榻上放了一粒豌豆。然后她取出20床垫子,把它们压在豌豆上;随后她又在这些垫子上放了20床鸭绒被。

这位公主夜里就睡在这些东西上面。

早晨大家问她昨晚睡得怎样。

"啊,太不舒服了!"公主说,"我差不多整夜没有合上眼!天晓得我床上有件什么东西?我睡准一块很硬的东西上面,弄得我全身发青发紫。这真怕人!"

现在大家就看出来了,她是一位真正的公主,因为压在这二十床垫子和二十床鸭绒被下面的一粒豌豆,她居然还能感觉得出来。除了真正的公主以外,任何人都不会有这么嫩的皮肤的。

因此那位王子就选她为妻子了,因为现在他知道他得到了一位真正的公主。这粒豌豆因此也就被送进了博物馆。如果没有人把它拿走的话,人们现在还可以在那儿看到它呢。

请注意,这是一个真实的故事。

未长开的凯瑟琳

文 圣 桥

凯瑟琳是乔治娜的妹妹,14岁。二人相差5岁,个头却差不多。她在美国上中学,请假来中国玩一年兼学汉语。我去她家,常跟她父母和乔治娜以及她的哥哥卢宾说话。她偶尔露一面,拿点东西就到另一个屋里去了,只是说声"哈喽",算是打了招呼。她总是一人待在屋内。时间长了,我问乔治娜,她也说不知她在屋里干什么。"你进去看看呗。"我说。乔却摇摇头:"没经允许,是不能进去的,各有各的隐私权。""她还是个孩子哩!""小孩子也要尊重她。"后来终于有机会进去看了一下,原来满屋都是画报、小人书、洋娃娃,电影明星剧照……

凯瑟琳跟系里一个老师学汉语。她给自己起了个中国名字:晓琳,并用红粉笔在其卧室门的中央歪歪扭扭地写下:晓琳的屋。临走前她差不多能用汉语跟我们交谈了。我见过她在一篇作文中写道:"我叫晓琳,从美国来到中国。我今年14岁,属龙。美国没有龙。我回去要告诉朋友们,我是一只中国龙。中国很有趣味。中国的武术很好,我很想学,然而太累,早晨我不能早起床。中国的糖人很好吃,制造糖人的老头不多长时间就造成一个。我已经吃了十四个了。"

晓琳有点孤僻。很少见她活泼的样子。早晨不跑步,黄昏也不散步。白天头上常常挂副耳机子,将放音盒放在上衣口袋中,在校园里慢慢地走来走去,仿佛在思索极艰深的问题,很像个十分渊博

的学者。与人自然不说话,又无凑热闹的嗜好,便总是形影相吊了。她没有乔治娜漂亮。她眼睛很大,眼窝很深,颧骨很明显地凸出来,脸型处于鹅蛋型和倒三角型之间,皮肤显得苍白。外事办的翻译说:她还未长开哩,一长开,腮上一添肉,就 pretty 了。熟悉以后,我问她:"晓琳,你和乔是同胞姐妹,你可没人家漂亮啊!"她答:"正因为如此,才有许多男孩子追她。""这么说她有许多男朋友了?""嗯,可她一个也看不上。""有人追你吗?"我笑问。"有哇,"她郑重地眨一下大眼,"不过没有乔的男朋友漂亮。追乔的男孩子中有一个叫杰克,可帅了,可他不喜欢我。"

夏日的傍晚我和好友 y 君及 w 君去外事办玩,见她和乔以及日本小姑娘在楼前围坐,同在的还有两个翻译,共五人。翻译都是系里的学生,跟我们很熟。楼前摆了一圈折叠椅,乔及两个翻译坐着,日本小姑娘在中间玩跳绳,晓琳穿一条白色短裤和背心,双臂抱腿蹲在一边,把下颌抵在膝盖上。我们坐下闲谈。开始说英语,后来就说起汉语来。她们三个都懂一点。日语翻译好闹,问乔:"乔治娜,你爱我吗?"乔摇摇头:"不爱你。""那你爱谁呢?"乔指着我:"爱蓝桥。"样子很庄重。我笑一下露些尴尬。y 君挨我坐,见景拍我肩膀:"小伙子,交桃花运,别害羞。"我知道外国人能轻松地说出这些字眼,况且是为了学汉语。我引开话题,对日本小姑娘说:"小蹦子,你的爸爸叫啥?"她一噘嘴,跳到我跟前,一扭脖子:"不说!"又跳回去。日语翻译问晓琳:"你的爸爸叫什么?"晓琳抬起眼皮:"你就是我爸爸。"我们先是惊愕,继而笑起来。晓琳接着说到:"蓝桥是我叔叔,你(指 w 君)是我妈妈,你(指 y 君)是我儿子。"我们捧腹大笑。w 君搂着肚子笑出两行眼泪。国情不一样,骂人的方法不一样。外国人不用"我是你祖宗!""我是你亲爹!"来骂人。乔见我们大笑,一副不解的样子,说:"我没有爸爸妈妈,我是驴。"日本小姑娘停下动作:"我是兔子!"晓琳道:"我是 tortoise(乌龟)。"我们便接着笑下去。外国人大概也不用"王八蛋"、"驴下的"这类词儿

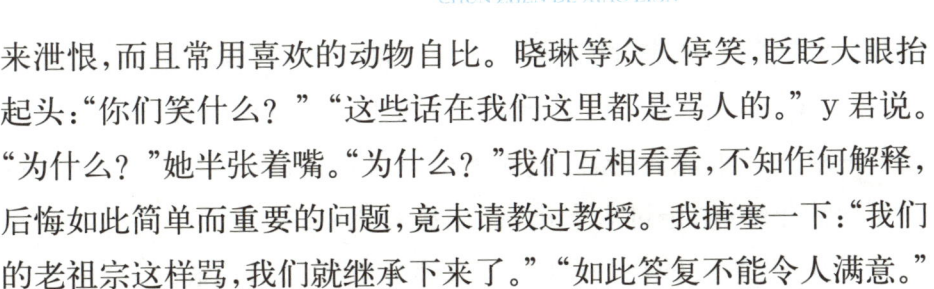

来泄恨,而且常用喜欢的动物自比。晓琳等众人停笑,眨眨大眼抬起头:"你们笑什么?""这些话在我们这里都是骂人的。"y君说。"为什么?"她半张着嘴。"为什么?"我们互相看看,不知作何解释,后悔如此简单而重要的问题,竟未请教过教授。我搪塞一下:"我们的老祖宗这样骂,我们就继承下来了。""如此答复不能令人满意。"她耸一下肩,满是大人味。"我要找妈妈。"她站起身,伸个懒腰,回楼去了。

仲秋一日我去街上买书,回来见一饭馆前卖豆包,就过去站着。排队的人大约有二十个。我低头翻书,忽听有人喊我,抬头见是晓琳背着书包挂着耳机,轻轻俏俏地走来。我问:"你出来买东西?"她摘下耳机:"嗯,就买豆包。""豆包?"却听卖豆包的人大声说:"可不是。这些天她每日都来买个吃。我们彼此很熟。"晓琳对他一笑:"老王师傅你好。"五十多岁的老王嘿嘿一笑,凑起满脸皱纹,招呼道:"来,晓琳,先卖你一个。"晓琳却摇摇头:"不,要遵守秩序。"说着,就排在我后面。老王竖竖拇指:"好,好样的。"排队的人回头看看,悄声议论。一大嫂问:"小伙子,她二十几了?学了几年中国话了?蛮像回事儿。"晓琳答:"我才十四岁。""十四岁?"几个上了年纪的人不相信。"就是的,我属龙,难道不是?"那大嫂掰着手指,天干地支寅虎卯兔地数一遍,连连点头:"对对,十四岁是属龙。"又问:"你们那儿也讲究属相?"晓琳看看我,我暗示她,她说:"对。""那我告诉你,闺女,"那胖大嫂从队里走过来,"属龙的找对象,可不能找属虎的,龙虎死斗,懂吗?我儿子属虎,比你大一轮还多一岁,不听我的话,别着劲搞了个属龙的,这不,没一年就闹离婚……唉,现在的孩子们!闺女,千万记着,别和属虎的搞对象,啊?"大嫂把晓琳额前的几根头发理到耳后,粗腰一左一右地扭回队里去。晓琳似懂非懂地点了点头。

回来的路上,她一边吃着豆包,一边问我刚才大嫂的话。我用英语解释一遍,她笑出声来,把豆屑喷了我一身。我第一次见她如

此开怀。"属龙,属虎,两个不能……不能……""搞对象。"我教她。"高……对……香。""搞——对——象!""搞——对——象——搞——对——象,搞对象。搞对象……"她一直说下去,引得一个骑车而过的年轻人,走过去老远,还扭头看我们。

自此,我知道她是一个内向、喜静又贪嘴的小姑娘。

冬秋之交的一天,阳光很好。我和乔治娜在花池前商量翌日外出照相的事,忽听锅炉房传出一声惨叫。锅炉房和外教楼相邻。当时晓琳抱着猫坐在花池上晒太阳。听见叫声,我一愣,还未起身,却见晓琳扔掉猫,忽地跑出去。我和乔紧随着冲去。原来是热水管爆裂,溅出的开水烫了一个打水的小姑娘。开水嗞嗞叫着向外射着,形成的水帘正好堵在门口。我看见晓琳用胳膊一遮脸,低头冲进去,抱起小姑娘跑出来。"快,去医务室!"我和乔护着她。她跑得很快,我们几乎跟不上。事后我想,她身体瘦,力气小,当时竟那么有力量……那小姑娘并不比她轻多少的。

分别时我们互赠照片。我把在乡下劳动时骑着驴的照片给了她。她高兴地说"very interesting, very good(很有趣,很好)。"她给我的是张在家门前的照片,背景是她家的深红色的小楼和楼下的篱笆。她蹲在篱笆前的草坪上,双臂搂着一只小狗。那是只哈巴狗,尾部掩在她的腋下,头贴着她的脸,吐着舌头。她穿着银灰色的夹克和牛仔裤,蓝汪汪的大眼浅浅地笑着。她说,我喜欢你的照片儿,也把我最得意的照片送给你。

今年圣诞节前夕,接到她的来信,里面夹着一张照片:她身着黄色风衣,手抄在兜中,神态姿势已完全是位成年的大姑娘。推算起来,她该有二十岁了。她的确没有乔治娜漂亮,但别具一格:清丽,超俗。

看着这照片儿,脑中又不由浮现了她头戴耳机,迈着四方步走路的样子,那时她还是个未长开的小姑娘哩。

 一个普通的孩子

文 史伟峰

这是一个很普通的孩子,她没有会微笑的眼睛、会唱歌的甜嘴巴和会舞蹈的身体。她只喜欢默默地写自己的心事,虽然没有老师要她在课堂上表现。一次,一个老师问她会什么。她低着头,想了半天,指着桌上的字说:"我会写。"

老师叹了口气,摇摇头走开。

从此,她一直受冷落。

但她会写会画,真的。

她会在夜晚的树下画雨水里的小喇叭——那画中的水花儿,果真就像啄木鸟的嘴巴牢牢实实地长在了大树上,成了大树的嘴巴。到了夏天,那嘴巴里面竟然长出了果子,周遭还有花和草。渐渐地,那嘴巴里又长出了土壤,有了水分,还有了为大树填充寂寞的乐曲。

她会写她听过的音乐,美妙的音乐。她悄悄地在教堂外面等待着,音乐升起来,她的手就像自由飞翔的音符快乐地挥舞着。有人问她这是在干什么,她甜蜜地低头微笑着,但眼睛好像一直注视着哪儿。"我看到了小天使的翅膀。"她说。

天空飞满了树叶子。叶落的时候,那天使的翅膀就休憩在她乌黑透亮的睡眸里。"最普通的孩子,离天使最近。"——不知从哪儿传来的声音。

渔家小孩

文 [爱尔兰] 贡纳尔·贡纳尔逊　照日格图／编译

大、小斯尼奥里富生活在一个渔村附近，他们是父子俩。大斯尼奥里富已年过半百，小斯尼奥里富则刚满 12 岁。

小斯尼奥里富从懂事起就没离开过父亲半步，他们形影不离地生活在海边。在海边，大斯尼奥里富常常回忆自己经营庄园的美好日子。那时他、妻子和他们的 3 个孩子过着幸福的生活。只是有一天他们的畜群患了瘟疫，孩子们也相继去世了。大斯尼奥里富将他们放进一个棺材里安葬。为了还债，他卖掉了自己的庄园，来到海边的渔村，开始了艰苦的生活。

现在他们只能从大海里寻找食物了，填饱肚子后他们甚至都没有钱买一两件衣服。这时小斯尼奥里富诞生了，只是没过几天他的母亲就去了天堂，他只能和父亲在海边寂寞地度日。

后来儿子长大了，无论什么天气，他都形影不离地跟在父亲后面。他们很少说话，有时一天的对话不超过 3 句。父亲经常教导孩子说，欠债是世界上最大的耻辱。去咖啡店赊账喝咖啡，还不如在家挨饿。生活困难时他们用麻袋缝制衣服，从不接受别人的施舍。虽然生活拮据，他们很自豪没有外债，他们也坚信上帝有一天会眷顾他们，给他俩带来无尽的幸福。

现实和他们开了个大玩笑。初春的一天，渔村后面的大山爆发了雪崩，将父子俩的小屋压了个粉碎。数小时后，小斯尼奥里富奄

奄一息地从废墟中爬了出来。他试图把父亲从废墟中拉出来,可一切已晚。

大斯尼奥里富的尸体被平放在一块大石头上,准备运往城里火化。小斯尼奥里富站在父亲旁边细语说着什么。他没有流一滴泪。来帮忙的人们纷纷议论说,这孩子怎么会如此冷漠?

小斯尼奥里富站在海边看了看自己的房子,已是一片废墟。他跑到海边去看渔船,昨天的暴风雪让渔船也散了架。小斯尼奥里富皱着眉头在那里站了许久,却没有哭。

父亲在世的时候经常说,我死后可以用房子和渔船做抵押来丧葬我。父亲还说过,为了丧葬向别人借钱是一件耻辱的事情。现在房子没了,渔船也没了,什么都没有了。小斯尼奥里富去雪堆里抽出几条木板,给父亲的尸体搭了个简易棚,然后独自向城里跑去。路人们都说,这孩子为什么会如此冷漠?

他跑到商店附近徘徊了一阵,然后用大人的口吻对门卫说:"我可以见你们的老板吗?"

门卫用惊讶的眼神看了看眼前的孩子,进屋禀报。老板挺着大肚子走了出来,看了看门外站着的小孩,示意让他进来。

"孩子,你能告诉我你来这里做什么吗?"老板问。

小孩忸怩了一会儿说:"你应该知道我们的渔场比你们的好吧?"

老板被孩子大人般的口吻逗乐了。孩子却接着说:"如果我夏天把渔场租给你,你能付我多少钱?"

老板收住笑容说:"那你还不如直接卖给我。"

"不,卖给你我就无处生存了。"孩子说。

"我们可以允许你留在那里。"

"夏天我要在那里盖房子。刚才搭了个茅舍。估计您已经知道我父亲去世和渔船粉碎的消息了。我可以用夏天打来的鱼给您还债。去年夏天打鱼的时候你们的收成总是比我们少。父亲说那是因为你们的渔场不好。"

"那你需要多少钱？"

"只要能给我父亲买一口棺材，够安葬他用就可以。"

老板凝神注视着眼前这个只有12岁的孩子，想知道他还需要些什么。

"你们商店需要童工吗？就跟去年夏天的那个童工一样大的孩子。"

"我们是需要，只是需要比你大一些的孩子。"老板微笑着说。

"你能跟我出来一下吗？"孩子说，俨然一副大人的口吻。

老板应允了。

小斯尼奥里富领着商店老板来到前面的土坡上。小斯尼奥里富摘掉手套举起一块大石头后放下，说："你去年雇用的童工连这块石头都搬不动，而我能，这样说来我应该能胜任这份工作吧？"

老板依然微笑着说："既然你力气这么大，就雇用你好了。"

"那你得负责我的食宿，还得付我零花钱。"

老板欣然答应。

"我答应过我父亲不欠外债，食宿问题解决了就不会有外债了。"小斯尼奥里富说。他学着父亲脱帽向老板致意，说："那我后天来见你好了，再见！"

老板带小斯尼奥里富进了厨房，想给他一些吃的。小斯尼奥里富拒绝了。

"怎么？你不吃饭吗？"老板和蔼地问。

"吃是可以吃。"他说，看到餐桌上的美餐，他的胃有了强烈的反应，"但是我不希望吃别人的施舍。"

"你没见过你家来客人时你父亲用酒或者咖啡招待他们吗？你现在就是我的客人，如果你不接受我的招待，那我们刚才的话也不能付之行动了。"

"那我就吃一点儿吧，重要的是一个人一定要干好属于自己的那份工作，而且不能有外债，这样生活慢慢就好了。"小斯尼奥里富说。

"你的这句话值千金。"老板说。他拿出手绢悄悄擦去脸上的泪水。

小斯尼奥里富看了看老板说:"我父亲从来没哭过。"片刻后又接着说,"我从小到大也没哭过,父亲死了我也没哭过,其实我好想哭,但我又怕父亲看不起我……"说完他再也抑制不住内心的悲痛,倒在老板怀里大哭起来,肩膀不住地颤抖着。

他只是个小男孩

文 [美] 鲍伯·福克斯

他站在本垒板上
心跳得好快
已经满垒了
关键的一球已经投出
爸妈帮不上忙
他只能孤单地站着
这时只要一支安打
就可以送队友回本垒
球到了本垒
他挥棒落空
观众们发出吼叫
有责怪声有嘘声
有个不假思索的声音大喊:
"真该打屁股!"
泪水充满他的眼

这个游戏再也不好玩
打开你的心,让他喘口气
因为碰到这样的时刻
你这个大人只能这么做
请记在心里
当你听到有人忘记
他只是一个小男孩,还不是一个大人

第四辑

是谁感动了我

陈光标：向生命施爱

无处不在的他……

"抗震救灾第一志愿者"的称号，是四川灾区人民给他的。第一次听说陈光标的名字是在前线指挥部。一位副总指挥正焦急地等待通向灾情最为严重的北川县城的"生命通道"何时才能打通的消息时，前方向他报告：江苏来的一名民间志愿者带的机械队伍先期到达，已经挖通了通向北川县城的最主要的山体滑坡地段。

第二次听说陈光标的名字，是在从汶川通向都江堰的山道上走过来的一群受灾群众，他们告诉我："我们的命，是那个叫陈光标的江苏人，带着大吊车、挖掘机才把我们从坍塌的楼板下救出来的……"

第三次听说陈光标的名字，是在成都青羊区受灾群众安置点，几个正在购买生活日用品的群众告诉我，他们在地震之后，失去了家园，从死亡堆里逃出来后身无分文。"是13号傍晚的那个雨夜，有个江苏来的青年人，他拎着一只装满钱的大口袋，站在公路旁，一边对我们说，大家不要怕，政府和全国人民会帮助你们的，一边给我们这些无家可归的受灾人每人发放100、200元的现金。我们一路上有好几千人，听说他一下把几十万元现金全发光了。他叫陈光标……"

我第一次见陈光标时他带着抢救队伍来到灾区已经连续干了十多个昼夜。我看到他的助手一次又一次地催他吃药，助手悄悄告诉我：陈总已经接连3天高烧不退，身上都起湿疹了……

第二天下午5点左右,在绵阳九洲体育馆广场上,我看到了陈光标正在为长长的受灾群众队伍发放他捐献的收音机。"他这次到灾区已经捐了现金700多万,实物也有300多万了。要算上他带的120人的抢救队伍和60台大机械在这里干的活,真可算得上慈善第一人了!"绵阳抗震救灾指挥部的一位工作人员感慨道。

第三次见陈光标,是在电视镜头里:5月30、31日,唐家山堰塞湖现场,他像一位冲锋陷阵的指挥员,一手叉在腰际,一手指挥着他的重型挖掘机,忙前跑后……

第一时间　千里出征

陈光标是江苏黄埔再生资源利用有限公司的董事长,江苏省红十字会副会长。他在再生资源回收方面干得颇有成绩。这位从小苦出身的农家孩子,懂得感恩,心地善良。他在过去的10年中,先后向贫困山区捐助各种善款达6个多亿,仅去年一年就捐了1.82亿元,被评为"中国十大慈善家"之一。由于陈光标对西部地区的特殊贡献,有36个县(市)授予他"荣誉市民"称号,17个市县政府聘他为"高级经济顾问"。他的部分捐款就在汶川、绵阳一带的山区,因此当听说这里发生大地震后,陈光标立刻意识到灾情可能带来的毁灭性后果,并且脑子里马上闪出一个念头:立刻组织一支机械队伍火速赶过去!

他和董事们商量后决定:把原本准备调往北京执行商业拆迁任务的28台挖掘机立即转调到灾区,同时又从安徽建筑工地上调出32台推土机、挖掘机等,组成60辆机械设备的抢险救灾志愿队,火速奔赴灾区。

具有丰富经验的陈光标为了能迅速有效地投入抢险救灾,他从半道上改乘飞机,于13日中午先到达成都。然后马不停蹄地从朋友那里借了一辆小车,他先到了两所医院,在那里他看到了数不清的伤员……"了不得!了不得啊!"陈光标的心一阵一阵地痛,他

知道灾情比自己想象的要严重得多。

"请马上给我提20万现金!"在一个储蓄所里,陈光标让银行职员从他卡上刷了一笔钱。然后背起装钱的包,直奔都江堰……

雨,哗哗地下个不停。此时从成都到都江堰的一路上,尽是无家可归的受灾群众,几乎都是双手空空、满脸恐怖且艰难地往成都方向逃奔。有的衣服上留着血迹,有的在路边向行人乞要水喝。他知道他们都是刚刚从死里逃生的受灾群众。

"大家都有份,别着急。"陈光标庆幸自己从银行及时提取现金的想法是对的。于是他开始向一路走来的那些需要帮助的受灾群众发钱……一直发了长长几里路。

"好人!""大好人!"这是四川受灾群众第一天认识陈光标,尽管他们不知道他的名字,但却记住了他的长相——平头、胖乎乎的,一脸憨厚。

到了都江堰,到了聚源中学坍塌现场,看到一排排从瓦砾里扒出来的学生遗体和家长们哭天喊地的悲惨场面,陈光标跟着大哭起来,哭得两眼肿肿的,仿佛像是自己失去了亲人一般。

"你们给我想尽一切办法,火速往这边赶!越快越好!"陈光标用手机不停地催促正在赶路的自己的那支救援车队快速前进,自己则在巡视和观察沿途的灾情:太严重了,到处是倒塌的房屋,消失的乡镇,特别是整栋大楼坍塌的学校……

14日傍晚6点,陈光标的挖掘机车队到达聚源中学。同时到达的解放军某部指战员,以及正靠双手及木棍、铁锹等轻便工具在现场抢救的群众见了陈光标的挖掘机,无比激动。"太好了!有挖掘机和吊车,就能把压在孩子身上的楼板搬开了!"

45分钟后,当陈光标的6号机械手,轻轻移动起一块断残的楼板,几位解放军官兵迅速俯身将一位浑身是血的女学生从废墟里托起时,全场一片欢呼:"还活着!活着——"

陈光标一听,热泪夺眶而出。但他丝毫没有时间去庆贺这一胜

利。这个学校的废墟里还有无数孩子,其他地方倒塌的学校和居民楼里,还有更多、更多的生命急需有人去救!

这一夜,陈光标没有合眼。他指挥的30辆大型机械化车队,一路为几千名向北川进发的解放军官兵和部队车队扫石开路。

那是争分夺秒的战斗。那是生与死的搏杀。在余震不断,飞石随时可能从天而降的山道上,陈光标一手拿着喇叭,一手指挥自己的机械队伍搬石开路。他不停地穿梭在各种车辆和滚石之间指挥着来往的人流与车流,一站就是三四个小时。

"救命恩人!谢谢你了!我们一辈子忘不了你!"逃生的人们这样感激他。

抢救现场 以命救命

通向北川的路终于在陈光标的"铁军"和其他抢险友军的一路拼杀下打通了!

现场的灾情让陈光标触目惊心:浅层的遇难者已经被先期到达的学生家长和救援群众抱了出来,遗体放在一边的操场上叫人心寒。而楼板下压着的学生在他每次指挥吊车或挖掘机移走楼板及断墙残壁时,又让陈光标更加揪心:成堆成群的孩子们多数已经死亡,其情景惨不忍睹。而在这样的情景下,一些现场抢救的胆小一点儿的人都不敢去搬运遗体。陈光标便毫不犹豫地躬下身子,伸出双手,或将遇难的学生双手抱起,或将遗体搁在肩上扛出废墟……其中一个女学生的遗体一搁到陈光标的肩膀上,突然从死者口中喷出一股污浊的血水,一下喷在陈光标的脖子上,顺势流进了他的内衣。

"陈总,快去换洗一下,会有危险的!"现场的人们说。

"别废话。没看到那么多孩子埋在里面吗?我们要以命救命!明白吗?"平时待人总笑呵呵的陈光标突然一声吼道,随即又冲到了废墟上。

陈光标和他的队伍在北川共战斗了三天三夜,救出生还者20多名,挖出遇难者200多个,为后续抢救队伍扫清了交通阻碍,立下大功。而陈光标则说:"在北川的日子里,我的心最痛,我和我的队伍没能救出更多的孩子和父老乡亲……"

打通生命线映秀建奇功

也许这里的滑坡、泥石流太多,也许是挖掘现场缺少专业技术。从都江堰通往地震中心——汶川映秀镇的公路,在18日前,一直处在无法让大部队通过的瘫痪或半瘫痪的状态。当时在映秀镇仍停留着近万名被困群众和伤员,周边的许多乡村还处在与外界的隔绝之中。

陈光标的队伍通过48小时左右的苦战,先期到达映秀镇。在那里,他们一方面协助前线指挥部迅速投入清理废墟和掩埋遗体的工作,同时为在场的救援及医疗队做平整战地医院地址、开辟后勤保障供应基地的停车场、运送伤员的直升机坪等艰巨性工作。"只要哪里用得着,他就带着机械队伍往哪里冲,真是一支名副其实的抗震救灾突击队。"成都军区的一名高级指挥官当着我的面直夸陈光标。

19日这一天,刚刚在现场参加完全国性默哀仪式的陈光标,突然见山坡上走来一位60多岁的老婆婆,他上前还没有来得及询问,那老婆婆就"扑通"一声跪倒在他的面前,双手紧紧抱住他的脚,哭诉着告诉陈光标,山里面有一所学校的100多个孩子,被困了好几天,已经饿死了3个。"我跑了快7个小时,求求你快去叫解放军上山救孩子!"老婆婆认定陈光标是个好人。陈光标立即报告了正在这里视察的军委领导。当时一名上校军官主动请缨,带着七八个官兵,背上干粮和矿泉水,火速向山里进发。

"那一天晚上我要回成都接受新的任务,临离开映秀时,我对我的员工讲,把所有吃的、用的聚在一起,等孩子们下山后都给他们,不能让饿了好几天的孩子再挨饿。"陈光标说。而他的员工告诉我,陈光标当时还把准备给他的队伍留作买油和生活费的十几万元现

金也交给了当地受灾群众,希望他们能够照顾好从山上下来的孩子和其他受灾群众。

当晚,他与留守在成都公司的两位工作人员一起到火车站运回了从南京发来的1万台收音机。第二天一早,他到了绵阳九洲体育馆,向渴望已久的受灾群众们发放一台台崭新的收音机。这一天,温家宝总理正好来到九洲体育馆,看着长长的领取收音机的队伍,人民总理感动了,走过来握着陈光标的手,说:我听说过你,知道你。你是个有良知、有感情,心系灾区的企业家,我向你表示敬意。企业家都要像你一样,既有经营观念,还要有爱心,有灵魂。

那一刻,陈光标格外激动,他向总理汇报:我是靠党的政策富裕起来的,没有党的改革开放,就没有我。现在灾区的人民受了难,我尽一份力是应该的。

温总理满意地笑了。

第二天,我正在距唐家山堰塞湖不远的擂鼓镇采访,我的手机响了。"何作家,我现在已经到唐家山堰塞湖坝上啦。我和公司的3台挖掘机将参加这里的战斗……你听得见吗?"是陈光标来电!

"祝你成功!祝你再建奇迹!"在隆隆轰鸣的飞机下,我对着手机、对着大山、对着飞鹰、对着整个灾区大声喊着,并行了一个庄严的军礼。

大山里来的小女子

文 廖华歌

伴随着青青那坦荡而爽朗的笑声,一股敬意在胸中油然而生。

好一个青青,好一个大山年轻的新一代!

夏日。傍晚。落日把小城的街道、屋宇、路旁青葱的花树镀上了一层神秘的亮光。我正信步走着,忽然一个熟悉的声音飘来。喊我?我是出差顺便路过这远方的小城的,这里没有认识我的人啊!细听听,没错。我疑疑惑惑地循声觅去。

真不敢相信,原来是她,我的小老乡——竹青青。洁白的连衣裙,黑亮的大眼睛,正满面春风地站在路旁一个裁缝铺前。案上,一把缠了红胶带的大剪刀,一堆五颜六色的新布料;身旁,站着一位和她一样年轻的手握皮尺的小伙子。她正被一群顾客簇拥着,喊叫着,俨然独领着小城的一隅风流。

惊异、喜悦,我一时不知该说什么好。待围着她的那一拨顾客陆续走散后,我们才尽情地叙谈起来。

原来,她是从家乡的广播里听到了省城有几所服装裁剪学校要招生,便说服了家人,辞别了大山,千里迢迢,自费参加了学习。上个月结业后,她没有急于回家看望亲人,却和一位同学(那个小伙子)一起,来到了这个小城。他们想实地检验一下自己学到的技术,也锻炼一下开创新生活的胆量!

望着她那新颖的服装,婀娜的身段,飞扬的神采,我不敢将她与昨天的那个山妹子联系起来,思绪一下子又飞回到了那个千里之外的大山,那个属于我和竹青青的故乡……

故乡是被环形山层层包围着的,故乡的日子是安稳的。故乡对它的儿女们是厚爱的,故乡对儿女们也是严厉的。竹青青便是那儿女们中最不安分的一个。按照山里的规矩,摘山果时,女人是不能上树的,青青却偏偏爬得猴高猴高;上山打猎,见到女人要晦气的,青青却背起父亲的猎枪一个人进了山;山里人的衣服总是灰蓝一道色,青青去山外姨家一趟回来,却穿条鲜艳的牛仔裤,惹得小伙子们看见不眨眼儿,老人们看见扭过脸儿,为这,青青没少落闲话。这个说:青青心野,靠不住;那个说:青青心高,脱了鞋也赶不上。总之,

在老年人的眼里,她不像个女孩子的样儿。山里姑娘十几岁就定亲了,她二十出头了,还没有婆家。

前年回家探亲,她妈悄悄跟我说:"青青你们从小一块长大,你看大地方有合适的,给她牵个线,她早走了,我们也好安生。"后来,青青不知怎么知道了,红着脸跟我吵:"我的事,不用你管!"

好家伙,这就是青青,青青就是这样!

其实,吵归吵,青青是"刀子嘴,豆腐心"。我知道她的脾气,并不与她争吵。可她的事,我却始终没有放下心来。

望着眼前的青青,我禁不住感叹起来:"这下可好了,总算冲出了大山!"

不料青青嘴一撇:"俺可不是那样的人,谁像你!"看她一脸的鄙夷,我既尴尬又不解。

"俺后天就回山里,也在家乡办学校,开缝纫厂,和城里人比比高下,看他们有什么了不起!"

好大的口气和心志啊,我被深深地感动了。伴随着青青那坦荡而爽朗的笑声,一股敬意在胸中油然升起,好一个青青,好一个大山年轻的新一代!

在我和青青谈话时,那位小伙子一直在默默地工作着。临别时,青青才向我介绍:"他是我的朋友,以后也是你的老乡了。"说着,她诡秘地凑到我耳朵旁:"人家是自愿进山的,可不是我强迫的!"说完,我们两人都禁不住会心地大笑起来。

小伙子意识到了什么,一团红云从他的双颊上腾地升起,又缓缓地荡漾开来……

我在内心里真诚地为他们祝福,祝福他们的明天永远幸福,也祝福大山的明天更加美好!

记忆中的一位少女

 文 洪 烛

记忆中的一位少女,姓张,长相很不错,性格以文静为主,在某些场合也极活泼。她住城南一带的老式市民区——因而某一段时间和我是邻居。我们在一个中学读书,我比她高一个年级。上学和放学我们常在同一条街道相遇,却不说话,都知道有对方这么个人,都不敢抬头看对方眼睛。一般情况下她比我早出发几分钟,背红色双肩背书包,披肩长发,从布满小百货店、水果摊档的人行道上穿过,很精神。我步子快,没有多远就快赶上她了,她若走街的左边,我则改走右边。我为什么要这样做,自己不知道。反正她也不知道。

这位姓张的女孩升上高中后,模样出落得更漂亮了。其实并没怎么打扮,她是个好学生,心思都用在功课上,但一出现在校园里还是吸引了好多目光。

有一天晚上,她那身材粗壮的父亲表情严肃地领着她来我家,通过我父母找我,一进门就用豪爽的大嗓门说:"我要请你儿子帮个忙。"原来,常有些邻近学校的小痞子给她写情书,约她放学后在校门口或某公园会面,有的甚至在路上拦截她,要和她交朋友。她父亲每天很忙,无法接送她,就托付我:"既然你们同一个学校,上学和放学就搭个伴一起走吧。"我连声说"可以可以"。她这时才从父亲高大的身影后面抬起低垂的眼睛,客气地冲我笑了一下。

第二天一早,她准时敲我家的门。我让她进屋坐一下,等我收拾好书包。她不进,说就在院子里站着。我刚出门,她就递给我一把彩色玻璃纸包的水果糖,说是她妈妈星期天来看她时捎的。我剥

了一颗含在嘴里,甜丝丝的,不知为什么心忽然变得很软。以前我们从没说过话,我以为她是冷傲的,一转眼之间仿佛就变成很熟悉的朋友。

吃第三颗糖时我才想起,从来没见过她妈妈,我只对她那个严厉的父亲有印象。我脱口而出:"我怎么没见过你妈妈。"她迟疑好半天,才回答:"我爸爸妈妈五年前就离婚了。"然后我们就不再说话,保持着一只手臂长的距离走路,我左顾右盼,百无聊赖地数过往的车辆,她低垂着眼帘,盯着自己的鞋面——那是一双红白花格的布鞋。

我的记忆中,确曾有过这么一位少女,扎着整齐的辫子,稚气的鹅蛋脸,眼睛清亮——令再虚伪的人也无法面对她撒谎。她背着洗得干干净净的红书包走在我的右边,我仿佛一伸手就能够得着她,然而我们中间,永远保持着一只手臂长短的距离——足够面目模糊的岁月侧着身子穿过。她喜欢边走路边用指尖摇一圈钥匙串,今天夜里,我耳畔又响起那金属碰撞的清脆响声。她气质中有一种与其年龄不相称的忧郁,水雾般弥漫了我。那时我也才十八岁,却深深为她身上那种罕见而高贵的忧郁所感染,我想假如有某种厄运伴随刺耳的刹车声向她袭来,我也会用胸膛护住她的。这么些年来,我漂泊四方,却再也没有感受过那种出自少年血性的胆量——和这个世界上许多男人一样,我无法改变一天天变得世俗与文弱的规律。即使我身边更换过再多浓妆艳抹的舞伴,也没再体验过与她并肩行走所呼吸到的带有树脂与松针气息的少女的本质魅力。

有将近两年时间我们几乎每天都同路,却并没作过太多的交谈。我们还都处于在异性伙伴面前不善于寻找话题的年龄。

有一天放学,她做值日做得特别晚,在校园里等她的时候,我便拿出口琴来吹,不知过了多久,我忽然发现她已经坐在我的身后,侧着脑袋看我,微笑着。她看看周围没有人,便以出奇的活泼小声对我说:"我唱支歌给你听吧。"她唱得很动听。那段时间我们的眼前

只有蓝天,只有云层下低掠的鸟群,只有灿烂的夕阳。

我为她打过我至今的人生经历中唯一的一次架。长大后我越来越文明礼貌,想打架都没地方打了。那是一个行人稀少的黄昏,我们刚出校门,就被几位跨坐在自行车上的外校留级生挡住去路,他们用车轮隔开我和她,带头那个歪戴鸭舌帽的高个子催我走开:"没你什么事了。我要跟她说几句话。"我并不是个勇敢的男孩,甚至有点害怕,但这时却固执地站在原地不动。拳头便向我飞来了,我那不争气的鼻子便流血了,她惊叫着去喊守门的校工。我迫切地想寻找一件武器,便退到墙脚拾起一块半截砖,冲回来的时候,那几辆自行车一溜烟地跑了。她和喊来的校工扶住我,她掏出绣花手帕为我擦血。那一瞬间我觉得自己真狼狈,觉得世界上最尴尬的事就是在自己喜欢的姑娘面前挨打了。为了显示带有虚荣心性质的勇敢,我恶狠狠地把手提的砖头砸在树上。

回到家,她一定要打水给我洗脸。我脾气挺大,像大丈夫一样粗声粗气把她赶走了。她的脸上写满歉意,眼泪都快出来了。我独自洗完脸,又洗她那条绣花手帕,实在洗不干净,也就打消了明天还给她的念头。

从第二天开始,我书包的夹层便多了把老虎钳子。没敢让她知道,我渴望能再有一次机会,挽回那天在她面前受损伤的尊严。可再没有什么小痞子来拦我们的路——倒不是因为我陪她同路,而是他们多少也知道她有个挺厉害的父亲。直到今天我还为此感到小小的遗憾。半年之后,她那在武汉的母亲便接她去外地了,临转学前她在小纸片上给我留了个通信地址:"你有空可要给我写信哟。"我也庄严地答应:"会写的,会写的。"然而一星期后我就把那小纸条抛进风中了,说不清为什么,我心里挺难过的。那时候,作为一个少年的我就有强烈的预感:我估计再也见不到她了。十几年过去,我更换了好几个生存的城市,事实证明我那时的预感非常正确。

我又习惯了一个人走那条电影布景似的老街道。我又习惯了

一个人吹口哨,想心事。我重新习惯了少年维特式的孤独。我甚至很简单地忘掉她——就像从不曾有过那两年和一位少女结伴同路的时光。

一个老人的问题

文 [埃及]穆·阿里　张　亮/译

酒店快关门的时候,一个衣衫褴褛的老汉迈进门来。酒店伙计惊奇地望着这个陌生客人。看上去,他是位饱经风霜的老人,满面皱纹,步履蹒跚,走起路来甚至跌跌撞撞,鼻梁上架着一副老花镜,右手拄着一根看上去已伴随他二十多年的拐棍。

老人一屁股坐在门口的凳子上,打了个手势,请酒店伙计过来,声音颤抖地问:"有人问起过我吗?"

伙计闹蒙了,忙说:"没有啊!"

老人抬起右手,用手指揩了一下脸上的汗水,伤感地说:"那么,请给我倒一杯酒来,先生。"

老人叹着气,两只眼睛忧愁地望着门口,慢慢饮完了酒。随后,他用拐棍支着地,哈着腰,低着头,好像寻找坟地似的步出酒店。伙计目送着他,觉得他既可怜又古怪。

十多天过去了,顾客不断光临酒店,酒店伙计几乎忘记了那可怜的老人。但一天夜里,当酒店最后一个顾客走出门时,老人的面孔又出现在门口。他一声不吭地挪进屋内,又坐在门口的凳子上,悲伤地问:"有人问起过我吗?"

伙计不安地答道:"没有!"

老人抬起右手,用手指揩了一下脸上的汗水,像受了伤似的喃喃说:"那么,请给我倒两杯酒来,先生。"

老人一口一口地抿着酒,两只眼睛呆呆地凝视着门口。酒杯空了,老人用拐棍拄着地,慢慢站起身,缓缓地挪动着步子,磨蹭着出了酒店大门。

几个月过去了,老人一直未再"光临"酒店。一天夜里……

"有人问起过我吗?"

几年过去了,酒店伙计的答复仍是那两个字:"没有!"

老人凄惨地说:"那么,请给我拿一瓶酒来,先生!"

伙计同情地问:"一瓶酒?"

老人点点头,抬眼看了看他,好像明白了他正在故意找话说。

酒拿来了,老人喝着,喝着,喝光了一瓶酒。伙计的眼睛始终注视着他的脸。

老人用拐棍吃力地撑起身,向酒店大门方向挪动着步子,但一个趔趄,拐棍滑出手,他,一下跌在地上。

他的两腿神经质地勾住一张桌子,颤颤巍巍地伸出右手,抓住桌子腿,挣扎着想站起来,但桌子倒了……

伙计赶忙奔过去,两眼涌着泪水,哭着说:"最近好像有人问起过您,爸爸!"

怀念 14 岁的一辆自行车

詹西初一下学期转到我们班上来了。他是在原来学校打架被

开除后,转到我们这个乡下学校来的。詹西原本就背着不光鲜的过去,到我们班后却还是一副吊儿郎当的样子,成绩差、扮清高、奇装异服、特立独行,但差不多所有的老师都包容着他。那时詹西在我们眼里是异类,而他从落草我们班的第一天起,就似乎抱定了不与众人为伍的决心。我们都很有"自知之明",也没有谁准备去"高攀"这个城里来的人。

詹西有一辆黄白相间的山地车,据说还是从千里之外的家里托运过来的。有高高的座凳,车把矮矮的,并不高大的詹西跨在上面,上身几乎和大地平行。他骑车总是风驰电掣,像一尾受惊的鱼在密密麻麻的放学人群里麻利地穿梭。这是一个让人生畏而又常被同学私下狠狠贬斥的家伙。

初二一开学,老师实行一帮一对策,倒数第一的詹西被分配给了第一名的我,他成了我的同桌。当詹西嚼着口香糖,将书桌拖到我旁边的时候,我突然趴在桌子上哭了,很伤心很绝望。我的哭没有任何酝酿过程,但是所有人都知道原因。

班主任走过来安慰我:"斯奇,你是班长,应该帮助詹西。"我还没说话,一旁的詹西却发话了:"觉着委屈把桌子搬出去,我都没说嫌弃!"哭归哭,我是班长,应该带头承担班上的艰巨任务,所以詹西最终还是我的同桌。但是我心里暗暗发誓,宁愿被老师骂,我也不会帮助詹西提高成绩的,我巴不得他剩下两年的所有考试次次都垫底。同桌三星期,"三八线"分明无比,从没说过一句话。

有天下午,我穿着城里的姑妈买给我的一件雪白的连衣裙,一整天都很得意。最后一节课上了一半,从没跟我说过话的詹西突然塞给我一张字条:"放学后我用单车载你回家。"我的心突然怦怦地跳起来,14岁的女孩第一次收到男生字条的心情可想而知。即使这个男生是我一向都鄙夷不屑的詹西。我不知道怎么办,动都不敢动。他却在一旁"噗噗"地吐着泡泡糖,见我没反应又塞过来一张字条:"我必须载你,放学后你先在教室坐一会儿,等人都走了后我们

再走。"

剩下的半节课我内心充满了极度的紧张和惶恐。心想：这个小古惑仔要胁迫我的话，我是一点儿辙都没有的。何况我靠墙坐着，詹西坐堵在外面，想逃脱都没有一点儿机会。

放学了，同学们作鸟兽散，詹西一反常态没有冲出去。我认为他要跟我说点儿什么，但是他兀自趴在桌子上画漫画，只是头也不抬地甩了句："再等一会儿我们走。"他说话冷冰冰的，语速又快，我不敢不从，怕今天得罪了他明天就遭到毒打。要知道他曾经聚众打架连人家鼻子都砸歪了。

我们走出教室的时候，发现校园里已经空无一人。詹西先在后座上垫了一张报纸，然后上前去支起车子，也不说话，意思是要我坐上去后他再骑上去。可是他的车子实在太高，我爬了四五次才爬上去。他戴上墨镜，躬着身子，也不事先要我抓好就开始疯狂地蹬车。我惶恐地问他："詹西，你要把我带到哪里去？"他说了一个字："家。"我的声音发抖了："谁家啊？"他的声音提高八度："废话！难道我把你带到我家里去？"我不再作声。车子拐出校门，詹西走的是去我们家的那条路，是一段小小的斜坡，詹西很卖力地蹬，我坐在他后面，像一只胆小的小老鼠一样，连大气都不敢出。作为一个14岁的乡下姑娘，这种看不出理由和后果的事情，我还找不到方式应对。

从学校到我家有一公里左右的路程，我一直害怕在路上碰到同学，但是快要到家的时候，还是碰见了一个。他看到我坐在詹西的车上就大声地嚷道："哈哈，詹西！哈哈，斯奇！"我正要说话，詹西怒喝："理这些无聊的人干什么！"我便闭上嘴，可是心里很不安：同学要认为我和詹西谈恋爱可怎么办哪？

他一直把我送到我们家院子里，我一跳下车，他转身就走，对我的"谢谢"不做半点儿回应，整个过程我都处于蒙昧和惶恐中，不知道詹西这么做是什么意思。

进屋后，妈妈突然拽住我："丫头，你裙子后面有好多墨水！"我

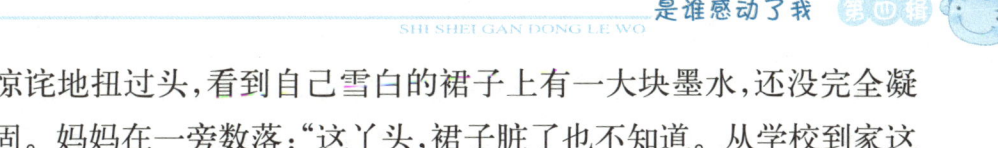

惊诧地扭过头,看到自己雪白的裙子上有一大块墨水,还没完全凝固。妈妈在一旁数落:"这丫头,裙子脏了也不知道。从学校到家这么远,不知道让多少人看到了!"

如果没有詹西用他那辆鲜艳的单车载我回家,我那被"污染"的白裙子就会被很多同学看到,而那些男生一定会笑死我的。那个一向让我讨厌的詹西,却用那么巧妙的方式避免了我的颜面尽失。

第二天见到詹西,他一如往常地坐在那里,一如既往地视我为空气。我坐下来,轻声地跟他说了声:"谢谢!"他似乎有点儿不耐烦:"没什么啦!"从那一刻起,我对他充满了敬佩和感激。

那以后我很多次主动去帮詹西,他不怎么配合,但是我愿意这样"自作多情"厚脸皮地帮助他:主动给他讲解难题,提醒他上课不要看武侠小说,别人讲他坏话我也替他辩驳。詹西对我的好意从来都不以为然,他似乎对做一个品学兼优的孩子丝毫没有兴趣;他的成绩后来有所提高但依然够呛;他也没再"强迫"我坐上他那辆很炫的单车。

初三下学期,詹西回到他的城市。他走得毫无预兆,离开之后班主任才通知我们。詹西的离开可能对其他同学造不成任何影响。但是我从那天起,常常想念并感激着他,以及他那辆温暖美丽的自行车。

长大后我就成了你

文 蒋静雅

钱老师,26个春秋抹不掉我对你清晰的记忆:白皙的脸上总

带着微笑,小小的眼睛透过镜片给我们传递着慈爱。你还喜欢扎两只辫子。自然,现在的你并非如此。然而你在我心中已经永远定格——我喜欢你的模样。

钱老师,你是否像我记得你一样记得我——圆圆的脸蛋,一双水灵灵的大眼睛,上课的时候总是忽闪忽闪的。走起路来,马尾辫一摆一摆的,很有节奏。钱老师,这是你在指导学生说话时对我的描述。你还记得吗?我记得!我喜欢!

钱老师,小学一年级的我很可爱、很乖巧、很能干,是吧?所以,你信任地让我当了小班长。于是,我乐颠颠地越发自信。钱老师,有时我也很不听话。有一次,让你担心,让你生气了,是吧?那件事,我至今记忆犹新。

那天早晨,你像往常一样静静地站在教室门口,晨曦中你笑着告诉我们,今天下午要接种疫苗。小小的我们就害怕起来(那时预防接种是很难得的,不像现在)。于是,你轻言巧语地安慰我们,鼓励我们。

中午,小伙伴又谈起这件事,我心里越发恐慌起来,竟然荒唐地作出了一个可笑的决定:躲起来。于是,由我带头,我们三人一起躲到了同学家(她家就在学校操场前边)。我们关起门,插上门闩,屋子里黑糊糊的。我们清楚地听到上课的铃声响了。一会儿,又"咚、咚、咚"地响起了敲门声:"钱老师叫你们回去上课!"有个同学在外面大声叫喊。我们憋住气,谁也不敢出声。等到脚步声远了,我们才长长舒了口气,还窃窃私语:"钱老师怎么知道我们在这里?"

下课铃响了,上课铃又响了。我们猜想接种结束了,就小心翼翼地打开门,你推我搡地向教室走去(谁都不敢走在前面)。我犹犹豫豫地推开教室虚掩的门,不知所措地站着。我低头抬眼看着你,你的目光虽然严肃,却没有责难。教室里静极了,像是在等待着一场暴风骤雨。"站着干什么?回座位呀!"你平和的语气让我感到意外,还有一点儿惊喜。你依然声情并茂地讲课,同学们依然专心

致志地上课,我却有些心神不宁。

课大概上到一半,医生走了进来。啊!原来没有逃过"此劫"。我悄悄地看了你一眼,你正看着我,似乎还有一丝笑意。轮到我了,你托着我的手臂,我扭过头去,紧闭双眼,医生在我手臂上画了一个"井",真的很疼。你意味深长地说:"你很勇敢嘛!"我不好意思,却还点点头。

那几天,我一直忐忑不安,担心你找我谈话,跟我"算账"。可是,每一天都过得很平静,你只字不提我逃课的事。我满怀感激,加倍努力。我喜滋滋地想:"钱老师怎么这么好!我以后也做个像钱老师一样的好老师!以后,我愈加喜欢你,喜欢上你的课,喜欢你教的语文。"

钱老师,谢谢你!真的,由衷地感谢!感谢你给予我默默的宽容,无言的关爱。如果你当时毫不留情,当众把我训斥、奚落一顿,我一定会无地自容,但我也不会怪罪你,因为的确是我错了。可是你的含而不露更令我信服。我因此学会了自我认识,自我批评,自我反省,自我改进,自我完善。

钱老师,今天我也成了老师,也成了语文老师,也成了受学生喜爱的老师,因为我跟你一样:用我的期待激发学生的上进心,用我的宽容减轻学生的负疚感,用我的睿智改变学生的顽劣……

我学着你,努力使自己的形象在学生的心目中高大起来,因我的博学、我的智慧和我的个性,我希望学生亲近我、仰慕我、敬重我,因我而自豪、因我而自强;我希望学生喜欢我,从而喜欢我的语文,喜欢读书,喜欢学习;我希望自己能感染学生、影响学生、启迪学生,以此达到"桃李不言,下自成蹊"的理想教育境界。

今天,当我读到苏霍姆林斯基的话:"教育者的个性、思想信念及其精神生活的财富,是一种能激发每个受教育者检点自己,反省自己和控制自己的力量。"我自然而然地又想到了你。

第五辑 我眼中的他们

沉船上的父亲

文 黄宗江

一位编辑朋友来电话,说是正在组一辑"父亲节"的文章,要我也写一篇。这"父亲节"属西方礼俗,我作为中国人从未过过,但这的确是个值得提倡的好节日,应附议求同。

我生于1921年,已是"五四"之后,在我家和我自己身上已不存封建孝道,但还是尊敬父母,孝顺父母的,也可说孝还是孝的,顺则未必也。

我父亲不是什么重要人物,无需列传;但总得略报家门,才能说明他是怎样的无关紧要。我父黄曾铭,字述西,小名阿贝,浙江瑞安人氏。据推算,当生于1887年,光绪十三年,其父和其祖父均为清翰林。我父清末留日,学电机于东京高工,毕业回国后居然也赶上了进入最后一科的洋翰林。入民国,在北京电话局任工程师,兼工大教授,1932年原职调青岛,1934年死于伤寒。一生似无大事可记,但对自家子女的影响,性格形成,还是重要的。

他死时才47岁,我这长子才13岁,现在我73了,一别六十载矣。记得我和妹妹宗英、弟弟宗洛等在棺前守灵,四叔自家乡来奔丧,他长得和爸爸很像,方进院门,就被小弟弟宗汉一眼看见,那时他才3岁(如今也63了),直奔上楼,向妈妈高呼着"爸爸又活了",其清脆震人的声响至今犹在我耳。爸爸当然是不能再活了。那些日子我常梦见爸爸。我在梦里对他说:你是爸爸,可是你到底是死了,我还是有点害怕,今后……此后他再未入我梦,60年过去了,

我是忘了他,但又时常记起。我从小至今爱吃的东西几乎都是他带着我去吃的——从北京街头的热油炸鬼,到南味的糍饭、咸豆浆,以至日本料理的"鸡素烧"……

我尤其记得他带着我去看过的京戏,从梅兰芳、杨小楼,直到陈德霖、龚云甫、王长林……我日后以戏剧为终生职业也源于此。我在学校同乐会上演京剧、话剧乃至歌剧,父亲都是我最早最热烈的观众。他对母亲说过,干脆把老大(即我)送富连成或戏校。可惜我嗓子属破锣。

我们应属所谓"书香世家",但父亲从未命我读任何一本书。又是他,多次带着我和老二(时老三老四小妹尚小)从厂甸转入杨梅竹斜街,商务、中华、世界诸大书局均在街内,信远斋也在,购书之余,少不了喝两碗酸梅汤。走出斜街,路口又是开明、北新诸新书店,在这些庙堂里我初识叶圣陶、安徒生、谢冰心、周氏兄弟……《爱的教育》、《十五少年》、《鲁滨孙漂流记》、《瑞士家庭鲁滨孙》……

我父亲是学电机的,不是学者,又不治文史,书房里的书并不算多,但有两大箱黑漆红字的《四部备要》,分陈经史子集。我也难无师自通,但总算从此得知世界上有孔孟庄荀李杜太史公……书架上还有一大套巨册的日本精印出版的《世界美术全集》,这也可以说是我的美术知识以至美学观念的起点,遗憾的是也可以说是自己的顶点了。其他重要的还有两巨册《戏考》,一套十几册的《福尔摩斯》。

父亲从未要求我们读过什么,甚至对我们的课业也从不过问。乃至我父亲死后,亲友父执偶对我这老大说两句今后要好生读书之类的话,我竟感到是一种从未领受过的训诫。

我也没听见我父亲的日常语汇里出现过什么政治术语,诸如最通常的"民主自由"之类,但看来他是极其民主、自由的,又不是放任的,对子女还是有家教家序的,以身教代言教的,甚至身亦不显。所以我家家风,相传至今,对民主与自由是崇尚的,但对极端民主与绝对自由之类也是从无幻想的。

当然,父亲生于斯世,也不可能是全然脱离政治的。我很小时就听母亲说过,父亲留日回来,原被邀去"南满"工作,那就赚大钱了,但父亲坚持到北京。他留日,甚通日语,有不少日本朋友。有一次母亲给我看父亲给她的信,说是从北京到青岛的火车上,听见日本人谈话,明目张胆地谈及侵略中国的意图。父亲极其愤慨。记得他有一次苦笑着对我们说:"爸爸要参加共产党了!"虽属戏言,似亦话出有因。

以上所述均属繁琐,唯有一件可称险遇奇遇的事,就是我父亲曾遭沉船,已淹没昏死,被打捞救活。这次可真是"爸爸又活了"一次,那时候还没有我们。是小时候先听妈妈给我讲的,后来她又交给了我一篇我父亲得救后在报纸上发表谴责当局尤其航政的文章,是号外传单似的单页,半文半白,极为激昂愤慨。这是我看见过也保存过的唯一的父亲的一篇文字,惜佚于"文革"抄没。我至今隐约记得零星词句。那时他和我母亲尚未结婚,他是自上海或宁波、沈家门乘亦官亦商的招商局轮船返乡温州准备成婚的。我大伯同行。海上风清月朗,却与另一商船撞碰。另船难以靠拢,居然掉头而去。父亲所在船的救生艇又多陈旧难以操作,仅放落了少数。旅客们纷纷一拥而上。我父先服侍其长兄登艇,又帮助一些妇孺登艇。她们或失鞋落帽,或抱不动了孩子,一一要我父亲相助,父亲均援之以手。他目送救生艇远去,自己又折回船舱,带上了受人之托的信件,因感天寒加上了一件丝绵袍。他走出船舱,却见远去的救生船艇沉没。脚下的轮船亦渐下沉,他自己攀登桅顶,抓住桅杆,终难持久,坠落大海淹没。幸亏是在回舱取信件时加了件丝绵袍,乃得沉浮水中。据说还是后来搜寻的船只在搜寻无望返航时,一桨打中了正浮起来的他,才得救。父亲在文章中提及:自己未得保全长兄有愧有罪于长嫂,家乡还有已故前妻的两个幼女在翘盼,定聘未婚之妻待嫁——他激烈地谴责了当局的弊端。又提到了危急混乱之际,船上诸姐妹遣他代为抱孩提鞋,他是甘做姐妹们的"奴仆"的(时尚无"为

人民服务"或"助人为乐"等词汇)。他说自己之所以能置身度外,是由于少年时读过《鲁滨孙漂流记》……

在早已消逝的母亲的叙述里,父亲的文字里,此次沉船经历所显示的父亲的临危不惧,助人为乐,抨击时弊……这一切,我无以名之,或可说是父亲的沉船精神吧,有形无形地影响着我和我的兄弟姐妹们,我们的做人,我们各自的小小几十载的一生。

卖花婆婆

文 孙建平

雨不紧不慢不大不小地下着,这是江南特有的黄梅天,把个洪城下成了个水世界。

正是清晨上班时分,车水马龙。人行道上游走着红伞绿伞花伞,远远望去,如飘着一朵朵水汪汪的红蘑菇绿蘑菇花蘑菇。

我眯起眼迎着风卷起的水雾匆匆步行赶往单位,走到华鑫大酒店门前时,一声苍凉的呢喃从对面传来,抬眼望去,前方拐弯处闪出一位老年女丐,瘦小的身子披了一件补丁摞补丁的雨衣,花白的乱发从雨帽中披散开,一张核桃般风干的脸,左手端着个盘子,右手拄着根拐杖在风雨中蹒跚。

我心里好一阵怜惜,这位老妪怕有七十多岁了吧?她的儿孙呢?她的家呢?遭遇了什么厄运令她在这老迈之年孤苦伶仃沿街乞讨?我并不富有,但我总是无法从可怜的残障人和老丐眼巴巴的目光下漠然走开。我赶紧打开钱包,摸出一张五元的票子捏在手中,我希望这点钱能给老妪带来一餐饱饭一丝温暖。

老妪颤颤巍巍走近了,混浊的老眼企盼着我,将盘子托起。

"妹子,要白兰花啵?"

一股浓郁的花香袭来,掀开湿湿的白纱布,盘子里整整齐齐码了一堆洁白的白兰花,用细铁丝挽了个扣一头插一朵。长长的花瓣伸展着,闪着冰肌玉肤之光泽,像极了少女翘起的"兰花指"。

原来是位卖花婆婆,我暗笑自己什么眼神。

"妹子,戴一朵白兰花吧,香一日哩。"老婆婆将拐杖扔下,拿起一对白兰花举到我眼前,脸上的每一道皱纹里都是意味深长的笑。

枯藤般黑瘦的手,举着一对水灵灵的"兰花指",在雨雾的氤氲中影影绰绰,这巨大的反差闪电般爆裂出一种蕴涵禅意的美,诉说着衰败与新生、一瞬与永恒的千古命题。

有俊男靓女从我们身边擦过,他们心事重重步履匆匆,没有人肯拿出一分钟来解读这幅经典的画面。我顿生欷歔之感:昔日那些轻盈的卖花姑娘呢?那一串串风铃般脆生生的叫卖声呢?莫非文明发展到今天,人非要到老得不成样子了,才分外珍惜大自然天成的美丽与芬芳,用苍凉的呢喃劝世人与之共享吗?

"戴一朵吧妹子,不贵哩,三角钱。"老婆婆很想做成一笔生意。

"卖一对花您老人家赚多少?"我接过白兰花挂在胸襟衣扣上。

"五分钱。"

五分钱!现在一个角币掉在地上人都懒得弯腰捡。我看着这位衣着寒酸的老人,将五元钱塞到她手里说:"婆婆拿好,不用找了。"

老婆婆幽幽看了我一眼,笑得更欢了。

"难得妹子惜老怜贫,我是在卖花,不是乞讨,怎好不找钱呢?"她说着从衣襟里掏出一个旧布包,一五一十找了一把零票子放到我手上,笑眯眯说:"意外之财得不得,挣来的饭吃得心安。"

老婆婆拾起拐杖,一步一点朝前走去,车轮轰鸣中又响起了苍凉的叫卖声:"白兰花……"

回望老人佝偻的背影，羞愧加感动潮水般漫过我的身心，当一些寡廉鲜耻者在灯红酒绿中追名逐利之际，这位贫寒的卖花婆婆却用她的辛劳诠释了什么叫尊严。

卖酱油的老人

文 冯慧莲

那往日幻想中奋飞的翎翅，昂进的风帆，逐渐在思想的屏幕上淡化、消匿。如同那个肩着生活重担，迈着艰难步履的卖酱油老人的呼喊声，逐渐被遗忘一样。

大街上，礼花飞蹿，爆竹炸响，空气中弥漫着过年的气氛。在一个小巷口，我突然撞见他。还是往日的模样，担着一对有盖的木桶，一身黑布袄裤，一瘸一拐的步子，只是那沙哑的叫卖声，显出他的老境。啊，过去了多少日月，多少个年头，他依然在走街串巷，这卖酱油的老头。

没有曲折的故事，没有动人的情节，平凡，甚至近于琐屑，时隔二十多年，他早已被我遗忘。此刻，在街上偶尔和他相遇后，为什么昔时情景，总在我脑中盘旋呢？

那时，我还住在一间茅草房里，他就在我家那一带卖酱油。他韵味十足的"卖酱油哦"的喊声，成了我们生活中不可少的一部分，听到这声音，我们几个懒得跑酱油店的孩子，就抱着瓶子远远地等候着。妈妈不反对我买他的酱油，因为他卖的酱油上色，咸，价钱又公道，给足分量后，他还要在你瓶里添上一点儿。并且，老头很讲究卫生，他的酱油桶上面有盖，漏斗上蒙一层纱布。边打酱油，他嘴里

边说:"吃的东西,要干净。"

有一个雨天,家里酱油用完了,妈妈让我到店里买,我拿着瓶站在屋檐下,隔着淅淅沥沥的雨帘朝外望。妈妈催我:"这么大雨,卖酱油的腿又不方便,不会来了。"但我却一动不动,静静地等着,凭孩童的执著。果然,雨声中传来熟悉的叫卖声,我高兴地跳起来:"我说会来嘛!"

就是对我这样的小女孩,他也不会克斤扣两,所以,他打酱油时,根本不用在旁"监视"。有时,妈妈忘了给我钱,和他一说,他忙不迭地说:"不要紧,不要紧。"打足了,照常在瓶里添一点。这个老头真让人欢喜,我常常跟在他担子后头,看他挨家挨户地卖酱油。记得有一次,老师问我长大做什么,我毫不犹豫不无自豪地大声答道:"去卖酱油!"惹得同学们好一阵大笑。

我渐渐长大,上了中学。有一阵子,我特别爱仰着头看那金色的太阳;我曾经读过一本书,书上说太阳是个美丽的女神,她不愿别人睥睨她的容颜,就用金色的光芒去刺那些顾昐者的眸子。我对镜中的我自言自语:"如果谁敢觑视我,我就戳瞎他的眼。"当时,我是个多么自信的少女呀!妈妈也不让一些琐碎的家务干扰我的学习。是啊,难道一个中学生还要拎着瓶,在屋檐下等着买酱油吗?那时,我的天地多么宽广,我是多么欢畅。我像浩浩天宇中翱翔的小鸟,荡荡长江里顺风的白帆,我的志在高山,志在流水。而那个瘸腿的卖酱油老头呢,依然如故,肩挑口叫,日复一日,年复一年,度过他的岁月。多么平淡的人生啊。

世事漫如流水,一忽过了二十多个寒暑。举手抚额,抄到外人不曾发觉的细细皱纹,自叹过了黄金年华。生活激流如万里海洋,回看自己托身在浮波之上,虽然我早已搬离了旧茅屋,随父母住进了有明丽阳台的楼房,但在生活航程的搏击中,经历上学、下放、进厂,虽有几度挣扎,因缺乏毅力、恒心,终究碌碌无为。反躬自省,少进取之心,无责任之感,不敢承受生活的重担。那往日幻想中奋飞的翎翅,昂进

的风帆,逐渐在思想的屏幕上淡化、消匿。如同那个肩着生活重担,迈着艰难步履的卖酱油老人的呼喊声,逐渐被遗忘一样。

今天,在传统的弃旧迎新佳节,卖酱油老人重现在我眼前,那熟悉的叫卖声,又在我耳畔回响。他不会认出那个住在草房,雨天中等候买他酱油的小姑娘了。而我,却忆起过去的一切,搅动感情的波涛:那被淡忘的童年纯真,少年的虚妄,以及经历的失意、坎坷,萌生的希冀和也曾有过的追求、争斗中的苦和乐……卖酱油老人的形象越来越清晰,他声声叫卖惊破我的迷惘,使我有所悟觉。是啊,在人生的长河中,与其漂浮在上面,不如认识自己,明确自身坐标,把应该承受的担子负在肩上,不再徘徊,不再停步,也无须回头,脚踏实地,一步一步走着人生的路,如那个能够给人们以微薄贡献,执著,无怨无艾地肩挑木桶的卖酱油老人。

母　亲

文 王祥夫

母亲一天比一天老了,走路已经显出老态。她的儿女都已经长大成人了,各自忙着自己的事,匆匆回去看一下她,又匆匆离去。往日儿女绕膝欢闹的情景如今已恍如梦境,母亲的家冷清了。

那年我去湖南,去了好长时间。我回来时母亲高兴极了,她不知拿什么给我好,又忙着给我炒菜。"喝酒吗?"母亲问我。我说喝,母亲便忙给我倒酒。我才喝了3杯,母亲便说:"喝酒不好,要少喝。"我就准备不喝了。刚放下杯子,母亲笑了,又说:"离家这么久,就再喝点儿。"我又喝。才喝了两杯,母亲又说:"可不能再喝了,喝多了吃菜就不香了。"我停杯了。母亲又笑了,说:"喝了5杯?那就再喝一杯,凑个双数吉庆。"说完亲自给我倒了一杯。我就又喝了。这次我真准备停杯了,母亲又笑着看看我,说:"是不是还想喝?那就再喝一杯。"

我就又倒了一杯,母亲看着我喝。

"不许喝了,不许喝了。"母亲这次把酒瓶拿了起来。

我喝了那杯,眼泪就快出来了,我把杯子扣起来。

母亲却又把杯子放好,又慢慢给我倒了一杯。

"天冷,想喝就再喝一杯吧。"母亲说,看着我喝。

我的眼泪一下子涌了出来。

什么是母爱?这就是母爱,又怕儿子喝,又想让儿子喝。

我的母亲!

我搬家了,搬到离母亲家不远的一幢小楼里去。母亲那天突然来了,气喘吁吁地上到4楼,进来,倚着门喘息了一会儿,然后要看我睡觉的那张六尺小床放在什么地方。那时候我的女儿还小,随我的妻子一起睡大床,我的六尺小床放在那间放书的小屋里。小屋真是小,床只能放在窗下的暖气旁边,床的一头是衣架,一头是玻璃书橱。

"你头朝哪边睡?"母亲问我,看看小床。

我说头朝那边,那边是衣架。

"不好,"母亲说,"衣服上灰尘多,你头朝这边睡。"

母亲坐了一会儿,突然说:"不能朝玻璃书橱那边睡,要是地震了,玻璃一下子砸下来要伤着你,不行不行。"

母亲竟然想到了地震!百年难遇一次的地震。

"好,就头朝这边睡。"我说,又把枕头挪过来。

待了一会儿,母亲看看这边,又看看那边,又突然说:"你脸朝里睡还是朝外睡?"

"脸朝里。"我对母亲说,我习惯右侧卧。

"不行不行,脸朝着暖气太干燥,嗓子受不了,你嗓子从小就不好。"母亲说。

108

"好,那我就脸朝外睡。"我说。

母亲看看枕头,摸摸褥子,又不安了,说:"你脸朝外睡就是左边身子挨床,不行不行,这对心脏不好。你听妈的话,仰着睡,仰着睡好。"

"好,我仰着睡。"我说。

我的眼泪一下子又涌上来,涌上来。

我没想过漫漫长夜母亲是怎么入睡的。

我的母亲!

我的母亲老了,常常站在院子门口朝外张望,手扶着墙,我每次去了,她都那么高兴,就像当年我站在院门口看到母亲从外边回来一样高兴。我除了每天去看母亲一眼,帮她买买菜擦擦地板,还能做些什么呢?

我的母亲!我的矮小、慈祥、白发苍苍的母亲……

扫 街 人

文 古 剑

入夜,中环就落入寂寞。白天里拥挤的人群,龟步的汽车,都消失了,霓虹灯彩和街灯也因寂静而无精打采,像看更老人打着瞌睡。

小巴沿着海旁大道飞驰,转入金钟站,旁边出现了一个熟悉的身影,瘦削的身子,一身黑色唐装污秽泥亮,干椰壳似的头顶,乌发卷曲,整齐服帖像梳理过一般。他高平举着右臂,像行纳粹礼,手里抓着一个不知装着什么的白色塑料袋颤颤巍巍地踢着碎步,有点像两脚不听使唤的醉汉。

今晚在这里一闪而过地见到他,真有点惊喜,也觉得意外。

茫茫人海中,他是唯一给我留下印象,有几次且叫我惦记起来的陌生人。

报馆未迁移之前,每晚下班后,总是横过皇后大道西,到电车站去搭车,就在皇后街拐角一座旧楼的骑楼下总看到他,那间瓷器店的门槛,是一块光滑的大石板,这就是他春夏秋冬度宿的眠床。

他像乞丐,一身不换洗的黑衣,和石板上肮脏乌光的破包袱,都像乞丐;又不像乞丐,那头整齐和不见长的黑发,似乎用心地打理过,这和街对面那个很不一样,一头长发乱麻般地缠结在头顶像个大蜂窝,一看就看出他是个乞丐,而且神经不正常。

我会惦记起这个陌生人,因为每晚十点过后看见他,他总握着一把短扫帚,把那条长廊由头至尾,扫得干干净净,最后又将垃圾和油黑的尘土,兜起放进旁边的垃圾箱里。

在通衢大道,在长街短巷,在白天或夜里,看到过不少乞丐和神经汉子,没有一个像他;总不忘在一定时间里拿起扫帚清扫垃圾。早了,他坐在石板上抽烟,自得其乐地吹着烟圈;迟了,整条长廊已清扫得不留一张纸片。总在晚上10点过后,就看到他在躬着身扫地。很像日落后刚从田里归来的老农,停不住手又抓起竹扫,扫他窄小的庭院。

失去家之前,他是做什么的呢?每见到他,他天天不忘扫地,自见到他,就想揭开这个谜。我常常想:这似乎已成了习惯,以前一定是个勤快的人,他又怎么会沦落到今天的地步?至今我仍旧想读通他的历史。

偶然有几个寒夜,车从那间瓷器店经过,不见他的踪影。我以为他死了,今晚突然在车上一瞥,他仍然活着,但比一年多前失常了,我的惊喜,瞬间变成悲哀,融入茫茫夜色。

他的服装与头发、他的神志与行为让人见到他会感到意外、感到惊喜甚至悲哀,看不到他会惦记,这到底是怎样的一个人?作者没有答案,我们有答案吗?

 # 收字纸的老人

文 汪曾祺

中国人对于字有一种特殊的崇拜心理,认为字是神圣的。有字的纸是不能随便抛掷的。亵渎了字纸,会遭到天谴。因此,家家都有一个字纸篓。这是一个小口、宽肩的扁篓子,竹篾为胎,外糊白纸,正面竖贴着一条二寸来宽的红纸,写着四个正楷的黑字:"敬惜字纸。"字纸篓都挂在一个尊贵的地方,一般都在堂屋里家神菩萨的神案的一侧。隔十天半月,字纸篓快满了,就由收字纸的收去。这个收字纸的姓白,大人小孩都叫他老白。他上岁数了,身体却很好。满腮的白胡子茬,衬得他的脸色异常红润。眼不花,耳不聋。走起路来,腿脚还很轻快。他背着一个大竹筐,推门走进相熟的人家,到堂屋里把字纸倒在竹筐里,转身就走,并不惊动主人。有时遇见主人正在堂屋里,也说说话,问问老太爷的病好些了没有,小少爷快该上学了吧……

他把这些字纸背到文昌阁去,烧掉。

文昌阁的地点很偏僻,在东郊,一条小河的旁边,一座比较大的灰黑色的四合院。叫作阁,其实并没有什么阁。正面三间朝北的平房,砖墙瓦顶,北墙上挂了一幅大立轴,上书"文昌帝君之神位",纸色已经发黑。香案上有一副锡制的香炉烛台。除此之外,一无所有,显得空荡荡的。这文昌帝君不知算是什么神,只知道他原先也是人,读书人,曾经连续做过十七世士大夫,不知道怎么又变成了"帝君"。他是司文运的。更具体地说,是掌握读书人的功名的。谁该有什么功名,都由他决定。因此,读书人对他很崇敬。过去,每逢初一、十五,总有一些

秀才或候补秀才到阁里来磕头。要是得了较高的功名,中了举,中了进士,就更得到文昌阁来拈香上供,感谢帝君恩德。科举时期,文昌阁在一县的士人心目中是占据很重要的位置的,后来,就冷落下来了。

正房两侧,各有两间厢房。西厢房是老白住的。他是看文昌阁的,也可以说是一个庙祝。东厢房存着一副《文昌帝君阴骘文》的书板。当中是一个颇大的院子,种着两棵柿子树。夏天一地浓荫,秋天满株黄柿。柿树之前,有一座一人多高的砖砌的方亭子,亭子的四壁各有一个脸盆大的圆洞。这便是烧化字纸的化纸炉。化纸炉设在文昌阁,顺理成章。老白收了字纸,便投在化纸炉里,点火焚烧。化纸炉四面通风,不大一会,就烧尽了。

老白孤身一人,日子好过。早先有人拈香上供,他可以得到赏钱。有时有人家拿几刀纸让老白代印《阴骘文》(印了送人,是一种积德的善举),也会送老白一点儿工钱。老白印了多次《阴骘文》,几乎能背下来了(他是识字的),开头是:"帝君曰:吾一十七世为士大夫,身未尝虐民酷吏……"后来,也没有人来印《阴骘文》了,这副板子就闲在那里,落满了灰尘。不过老白还是饿不着的。他挨家收字纸,逢年过节,大家小户都会送他一点儿钱。端午节,有人家送他几个粽子;八月节,几个月饼;年下,给他二升米,一方咸肉。老白粗茶淡饭,怡然自得。化纸之后,关门独坐。门外长流水,日长如小年。

他有时也会想想县里的几个举人、进士到阁里来上供谢神的盛况。往事历历,如在目前。有一天夜里,他做了一个梦,李三老爷点了翰林,要到文昌阁拈香。旗锣伞扇,摆了二里长。他听见有人叫他:"老白!老白!李三老爷来进香了,轿子已经到了螺蛳坝,你还不起来把正门开了!"老白一骨碌坐起来,愣怔了半天,才想起来李三老爷已经死了好几年了。这李三老爷虽说点了翰林,人缘很不好,一县人背后都叫他李三麻子。

老白收了字纸,有时要抹平了看看(他怕万一有人家把房地契当字纸扔了,这种事曾经发生过)。近几年他收了一些字纸,却一个

字都不认得。字横行如蚯蚓,还有些三角、圆圈、四方块。那是中学生的英文和几何的习题。他摇摇头,把这些练习本和别的字纸一同填进化纸炉烧了。孔夫子和欧几米德、纳斯菲尔于是同归于尽。

老白活到97岁,无疾而终。

为人效劳的人

文 [阿富汗] 乌尔法特　董振邦/译

一个瞎子在路上走。另外一个人过来把他引上正路。可是瞎子却不知道他的指路人是谁。

一个人正在酣睡。忽然一条毒蛇昂着头向他爬了过来。另一个人赶过来一刀把毒蛇杀死。可是酣睡者却依然在梦中。

当半夜时分,躺在清真寺里生病的旅行者发出了沉重呻吟的时候,有一个人一直服侍他到天明。清晨,旅行者死了。可是他到底也没认清这位帮助他的人是谁。

他走在路上,把水果送给孩子们;在沙漠中把水送给了渴得要死的人;把自己的干粮平分给饥饿者。可是,谁也不与他相识。

他把荆棘和碎石从大路上除掉。可是,早晨当人们在这条大路上行走的时候,谁也不知道这是他干的。谁也不认识他。

真的,我们真的不认得那些为我们服务的人们。可是,我们对于那些达官贵人们却认识得这么清楚!

艺术家剪影

文 [法]普鲁斯特 张小鲁/译

那是一种类型。尽管保持着种种风雅习惯的这位先生有必要经常去剧场,去那里感受被人观赏的幻觉——滑稽的是他在他的文章上署名:"督察先生"或者"值勤消防员",充当让人睁开眼睛或者出售节目单的角色,这个人往往是一个青年。他尤其喜欢女演员的身影。他奉承漂亮的女演员,试图轰走那些没有天才的女演员,好让漂亮的女演员上场。他出卖自己的独立人格去博取她们的欢心。对于初登舞台的新人,他会用一种慈父般的语调。他会列举、比较、赞扬那些他赞赏的艺术家扮演的不同角色。"时而是残忍的尼禄,时而是忧郁的封塔西奥,时而是冲动的吕意·布拉斯,等等"。他还借助于其他艺术的术语进行比较。有时他借助于音乐术语:"沃尔姆斯先生演不好这个角色,他的嗓音中没有这样写着。"他更多借助于雕塑上的术语,雕塑提供了"古代"的浅浮雕、"佛罗伦萨的青铜像"、"精美的塔拉拉格小塑像"。人们之所以让别人画自己是为了炫耀萨拉·伯恩哈特所谓的"融合色调",为了从穆内·絮利那里看见一个"从自己的布景中走下来的提香",他"走在我们中间"。

大艺术家从来不会有连续两天相同的时候。好啊,因为没有规律就是天才的标志之一。萨拉·伯恩哈特总有一天会"试图明显地超越自己";第二天,她又"低于自己的水平","没有尽她所能"。某些人有"进步",另一些人则"误入歧途"。对这些人的忠告根本没使他们幸免于难。有时一篇文章的标题就是"清醒一点儿,喜剧先生们"。

当批评家忘记了诸如"沃尔姆斯先生逃走了"这句短语时,他就会兴高采烈地补充说"正如已故的鲁瓦耶—科拉尔所说的那样",或者"假使我斗胆如此表述"。

如果"来到他笔下的"是莫邦先生的名字,他就会加上括号:"你们全被下了毒,先生们。"

我们跟随他进入艺术家的内心深处。我们了解到,艺术家Z小姐既"十分机灵调皮"又是"狡猾的长舌妇",特律菲耶先生是"他那个时刻"敏感的诗人,迪弗洛先生是"我们最勇猛无畏的自行车骑手之一"。

我们熟悉他的生活,因为他有暴露自己的需要。在他看来,他的思想似乎太没有个性,于是他把自己的习惯向我们和盘托出。我们了解到,首场演出的那天晚上他在城里吃晚饭,他在上咖啡之前就离席而去,为的是准时到场,而幕布要很久以后才会拉开。他站在观众一边,"那个付出的人,真真切切"(对一行著名诗句的滑稽模仿),他指责滑稽歌舞剧剧场的管理,对美术学院的校长提出诉讼。他将花费十年时间收集他的"剪影","他的铜版雕刻针"和他的"红粉笔画"。迪凯纳尔先生的一封信中的每一页都意味着他接受了这个题赠。目前,他正设法进入《戏剧艺术杂志》。

59 美元的尊严

文 胡晓华

我17岁那年,父亲因为生意破产了,我们全家都陷入了最悲惨的境地。我们不得不从富人区的复式楼搬到穷人区的小公寓,而一直在家做家庭主妇的母亲也不得不拿着履历四处求职。

"当然,我们可以申请社会福利救济,但我不想让我们的孩子因此而失去尊严。"我还记得当时母亲在房间和父亲争执时说的这句话,那是我第一次看到母亲在父亲面前如此严肃地表达自己的意愿。

为了能赚取一些零用钱,我央求同学在寒假帮我找了一份在一家快餐店打工的兼职。以前这样寒冷的冬天,我通常是坐在家里生着炉火的房间里,惬意地喝上一杯滚烫的热咖啡,而现在,我却不得不面对这个现实,我只能卑躬屈膝地端咖啡给别人喝了。

可有一天,我却发现,淘气的弟弟竟然把我心爱的棒球棍给弄断了,我非常恼火,要知道,一开学我就要参加学校的棒球比赛了,而以我现在每天所赚的辛苦钱,至少要苦做一周,才能再买上一根一样好的棒球棍。

我生气地责骂着弟弟:"嘿,你这个坏家伙,你知道我得在店里受多少委屈,才能买回这个吗?"当时母亲恰好从房间门口经过,她听到我的抱怨,就进来对我说:"约瑟夫,你在店里很受委屈吗,有什么事你就告诉我和你爸爸,我们会帮助你的,如果你在那里确实很受委屈,那么,你应该辞职回家。"

"回家?"我一阵冷笑地看着母亲手里刚刚打印出来的履历,脱口嚷道,"那么我就会连最廉价的棒球棍都买不起了!你们会帮助我,你们拿什么来帮助我,你甚至都找不到一份能赚钱的工作!"

天知道,我这些一时的气话有多么伤人,因为我已经看到母亲的脸色一下变得惨白。是的,我不该埋怨和挖苦他们。父亲自从生意失败后已经很长时间不能从内疚的情绪里解脱出来了;而母亲呢,长时间地离开社会,我们又怎么能强求她一下子就能找到一个足以养家糊口的好工作呢!但我只是不明白,此时家里的状况,母亲为何还要死守住那些所谓的尊严,也不愿向社会福利机构求助呢?

"对不起!"我跑向母亲,抱住她的肩膀,泪水一下子涌了出来。我想,我们都已经快经受不住上帝给我们的这种考验了。

一天中午,一个打扮夸张的年轻人到店里吃午餐,我为他做点餐

116

服务,他要了一份牛排和一杯热咖啡。几分钟后,我把厨房送出来的热咖啡端到他面前,正当我要放到桌子上时,他突然一扬手碰翻了我端咖啡的托盘,滚烫的咖啡一下子洒了出来,烫得我龇牙咧嘴,而他的身上也溅满了咖啡。可那人见状,都没问一下我烫伤的情况,就立刻站起来大声地指责我的过失,还要求店里赔偿他的洗衣费用。

老板闻讯从后台赶来,他不愿意承担这样的损失,可又不想得罪顾客,便对我说,我的工作失误要由我来负责损失。无奈之下,我只好跟客人据理力争。

当时正是店里营业的高峰期,老板见事情越闹越大,只好向对方妥协说,我们店里愿意赔偿他的洗衣费用。没想到,那个客人此时已经不满足于这样的赔偿了,他坚持认为我的傲慢态度激怒了他,不仅要求我向他道歉,还提出一个非常无理的要求,要我跪下向他认错。

尽管他的要求是如此令人瞠目,但老板为了尽快了结此事,减少对店面营业的影响,还是建议我照客人的要求做,同时还暗示我说,如果我不肯妥协的话,就会立刻解雇我,并且扣发我所有的工资。

我当时真的想立刻掉头就走,但脚却是那么的不听使唤。算下来我已经有59美元的工资了,而我也早就算好了这些钱的用途。我要买"蒙特森"的毛衫,还有新的棒球棍,去参加学校的春季棒球比赛。天知道,到时班上会有多少姑娘对我尖叫。但如果我离开的话,这一切梦想可就都泡汤了。

就在我忍着眼里的泪水不知所措时,一个女人突然冲了进来,拉着我的手说:"孩子,不要跪,男儿膝下有黄金。这件事不是你的错,就算他一分钱不给你,也不能承认你没有犯过的错误。"

我一抬头,看到的正是我那瘦弱的母亲。

我不知道自己是怎么跟着母亲走出了喧闹的快餐厅回到了家的,一想到辛辛苦苦工作赚的59美元全都没了,我真是太伤心了。突然,我没来由地怨恨起母亲来,要不是她的出现,也许我就能保住快餐店的工作了。

这些话，虽然我没对母亲说，但我想，她一定是都感觉到了，因为那段日子里，我天天把自己关在房间里，哪儿也不去，就算是吃饭时面对母亲，也是一副冷冰冰的脸孔，我甚至都没有正视她一眼。我就在这样的情景下，度过了我的18岁生日。

直到有一天，母亲突然敲门进来，递给我59美元，我才惊讶地抬头看她。母亲说，她到店里找老板理论了，还讨回了我的工钱。捏着这些钱，我破涕为笑地抱住了母亲。

很快，寒假就过完了，我用这来之不易的59美元买了漂亮的毛衫，还有坚实的棒球棍，学校棒球队已经邮寄给我春季的赛事时间安排表了。路上，我碰到了和我一起在快餐店打工的同学，他对我举起大拇指说："好样的，约瑟夫，我真没想到，你连那么多钱都可以不要了。"我得意地告诉他，后来我母亲已经帮我去拿到钱了。可同学一愣，对我说："这不可能，你母亲是去过店里了，可老板并没给她钱，因为老板已经把你的工钱赔给了那个小混混。"

这下，我愣住了，我不知道母亲给我的这59美元，到底是从何而来的。在父亲的帮助下，我辗转找到了母亲工作的地方，那是个阴冷潮湿的地下停车场，一进去就闻到一股霉臭的味道，母亲在那里做清洁工人。我走了进去，正看到一辆小车从停车场里飞驰而去，溅起的脏水洒在母亲的脸上，母亲追了上去，车厢里甩出一张钞票，母亲没有说什么，弯下腰捡起钞票，然后毫无尊严地将脏水轻轻抹去。

我能感觉到自己的泪水正一滴滴地落下来，原来，母亲一直是用自己的尊严买回了我的尊严。

多少年过去了，我从一个不谙世事的少年成长为今天在商界驰骋的成功商人，而在这个路途中，每当我的尊严受到挑战时，母亲在停车场抹去脸上的脏水的那一幕就会出现在我的眼前。而事实也证明，母亲是对的，一个没有尊严的男人，也不可能拥有成功的事业。我的很多客户正是基于对我个人的钦佩和敬意，选择了和我合作。母亲用这59美元买回的尊严，将使我一生受用不尽！

第六辑 精彩一瞬间

 ## 擦皮鞋的母亲

  我的母亲是一个老实巴交的农村妇女。她热爱劳动,更热爱自己的儿子。母亲用痛苦的命运维持着自己一家人的生活。母亲用她那双粗糙的手,抱过我和弟弟,抱过许多山里的孩子,擦过许多城市人的皮鞋。

  母亲是怎样擦起皮鞋来的呢?原因是我们遭遇了一个天大的不幸。父亲因患癌症过早就离开了人间。家里失去了顶梁柱,母亲哭了三天三夜,把眼泪都哭干了。母亲说,不能因孩子没有了父亲而失学。她一定要让我们认真读书,将来做一个有出息的人。

  作为一个农村妇女,母亲要承担家里的一切重担,母亲多么艰难啊,她起早贪黑,肩挑重担,她生活在痛苦的人生中。有一天夜里,母亲突发奇想,我们何不到城市看看呢。于是,母亲带着我和弟弟就来到了城里。

  我们租了7平方米大的一间房子,用家里带来的被子,在地上打了两个地铺,就算这样安顿下来了。由于母亲一没有技术,二没有文化,所以进不了工厂,在邻居赵大娘的鼓励下,母亲干起了擦皮鞋的工作。

  开始干这一行,母亲有些羞涩。她看见许多人从自己身边走过,不敢喊人家擦皮鞋,见了熟人就想躲,好像自己比别人矮小了许多。但是,母亲想到我和弟弟的学习,就顾不了那么多了,便大胆地干了起来。

  母亲没有固定的摊位。她背着一个自己做的木箱子,在大街小

巷里一边走一边喊:"擦皮鞋,擦皮鞋,5角钱一双。"母亲一天干下来,多则20元,少则几元。母亲用她辛勤的汗水和灵巧的双手维持着我们一家人的生活。

每天回到家里,母亲常常用她那双充满忧郁的眼睛看着我和弟弟。"儿啊,你们一定要好好学习,母亲没有文化,只能干擦皮鞋的工作,这种工作被人看不起,但是,妈妈再苦再累也要让你们读书,你们不要让我失望。"

我的泪水止不住往外涌。我的好母亲,我的好妈妈,你为我们吃了不少苦头,我一定以优异的成绩向你汇报,我一定以出色的表现来报答你的养育之恩。

在妈妈的谆谆教诲下,我刻苦学习,不懂的问题虚心向老师和同学请教。后来,我每期期末考试都取得了好成绩。去年,我的作文比赛在全县获得初中组第一名。当我拿着奖状高高兴兴回家给妈妈报喜时,不幸的事终于发生了。

妈妈因劳累过度病倒了。她已经两天两夜滴水未进,几乎走向了死亡的边缘。

看见母亲瘦弱的身体,我的眼泪又一次流了出来。我急不可待地冲了出去,跑向药店,可是钱又不够,我只好买了两次药。母亲硬撑着身子,吃下药,休息了一会儿,又背起木箱子走向了城市的大街小巷。母亲的背影在我的视线中变得越来越小,最后消失在人群中。

母亲啊,我非常尊敬你,你用双手美化别人,从不关心自己。你渐渐老了,我恨自己不能为你分担忧愁和重担。

为了减轻家里的经济负担,我辍学了。我只好悄悄外出打工。我让妈妈失望了,妈妈大病了一场。我只能用实际行动来证明我的选择是对的。

当黄昏来临时,我在遥远的他乡,仿佛看见母亲这一天擦完最后一双皮鞋,她在城市的霓虹灯下搅动着夜色,灯光照亮了母亲那颗真诚善良、朴实无华的心……

121

 # 辰河小船上的水手

文 沈从文

我自从离开了那个水獭皮帽子的朋友以后,独自坐到这只小船上,已闷闷地过了十天。小船前后舱面既十分窄狭,三个水手白日也皆各有所事:或者正在吵骂,或者是正在荡桨撑篙,使用手臂之力,使这只小船在结了冰的寒气中前进。有时两个年轻水手即或上岸拉船去了,船前船后又有湿淋淋的缆索牵牵绊绊,打量出去站站,也无时不显得碍手碍脚,很不方便。因此我就只有蜷伏在船舱里,静听水声与船上水手的辱骂声,打发每个日子。

照原定计划,这次旅行来回28天的路程,就应当安排22个日子到这只小船上。如半途中这小船发生了什么意外障碍,或者就多得四天五天。起先我尽记着水獭皮帽子的朋友"行船莫算,打架莫看"的格言,对于这只小船每日应走多少路,已走多少路,还需要走多少路,从不发言过问。他们说"应当开头了",船就开了,他们说"这鬼天气不成,得歇憩烤火",我自然又听他们歇憩烤火。天气也实在太冷了一点,篙上桨上莫不结了一层薄冰。我的衣袋中,虽还收藏了一张桃源县管理小划子的船总亲手所写"十日包到"的保单,但天气既那么坏,还好意思把这张保单拿出来向掌舵水手说话吗?

我口中虽不说什么,心里却计算着所剩余的日子,真有点儿着急。

三个水手中的一人,似乎已看准了我的弱点,且在另外一件事情上,又看准了我另外一项弱点,想出了个两得其利的办法来了。那水手向我说道:

"先生,你着急,是不是?不必为天气发愁。如今落的是雪子,不是刀子。我们弄船人,命里派定了划船,天上纵落刀子也得做事!"

我的座位正对着船尾,掌舵水手这时正分张两腿,两手握定舵把,一个人字形的姿势对我站定。想起昨天这只小船搁入石罅里,尽三人手足之力还无可奈何时,这人一面对天气咒骂各种野话,一面卸下了裤子向水中跳去的情形,我不由得微喟了一下。我说:"天气真坏!"

他见我眉毛聚着,便笑了。"天气坏不碍事,只看先生你是不是要我们赶路,想赶快一些,我同伙计们有的是办法!"

我带了点埋怨神气说:"不赶路,谁愿意在这个日子里赖在河上受活罪?你说有办法,告我看是什么办法!"

"天气冷,我们手脚也硬了。你请我们晚上喝点酒,活活血脉,这船就可以在水面上飞!"

我觉得这个提议很正当,便不追问先划船后喝酒,如何活动血脉的理由,即刻就答应了。我说:"好得很,让我们的船飞去吧,欢喜吃什么买什么。"

于是这小船在三个划船人手上,当真俨然一直向辰河上游飞去。经过钓船时就喊买鱼,一拢码头时就用长柄大葫芦满满地装上一葫芦烧酒。沿河两岸连山皆深碧一色,山头常戴了点白雪,河水则清明如玉。在这样一条河水里旅行,望着水光山色,体会水手们在工作上与饮食上的勇敢处,使我在寂寞里不由得不常作微笑!

船停时,真静。一切声音皆为大雪以前的寒气凝结了。只有船底的水声,轻轻地轻轻地流过去,使人感觉到它的声音,几乎不是耳朵听到的却只是想象。三个水手把晚饭吃过后,围在后舱钢灶边烤火烘衣。

时间还只五点二十五分,先前一时在长潭中摇橹唱歌的一只大货船,这时也赶到快要靠岸停泊了。只听到许多篙子钉在浅水石头上的声音,且有人大嚷大骂。他们并不是吵架,不过在那里"说话"

罢了。这些人说话照例永远得使用几个粗野字眼儿,也正同我们使用标点符号一样,倘若忘了加上去,意思也就很容易模糊不清楚了。这样粗野字眼儿的使用,即在父子兄弟间也少不了。可是这些粗人野人,在那吃酸菜臭牛肉说野话的口中,高兴唱起歌来时,所唱的又正是如何美丽动人的歌!

大船靠定岸边后,只听到有一个人在船上大声喊叫:

"金贵,金贵,上岸××去!"

那个名为金贵的水手,似乎正在那只货船舱里鱿鱼海带间,嘶着个嗓子回答说:

"你××去我不来。你娘××××正等着你!"

我那小船上三个默默的烤火烘衣的水手,听到这个对白,便一同笑将起来了。其中之一学着邻船人语气说:

"××去,×你娘的×。大白天像狗一样在滩上爬,晚上好快乐!"

另一个水手就说:

"七老,你要上岸去,你向先生借两角钱也可以上岸去!"

几个人把话继续说下去,便讨论到各个小码头上吃四方饭娘儿们的人与轶事来了。说及其中一些野妇人悲喜的场面时,真使我十分感动。我再也不能孤独的在舱中坐下了,就爬到那个钢灶边去,同他们坐在一处去烤火。

我搀入那个团体时,询问那个年纪较大的水手:

"掌舵的,我十五块钱包你这只船,一次你可以捞多少!"

"我可以捞多少,先生! 我不是这只船的主人,我是个每年二百四十吊钱雇定的舵手,算起来一个月我有两块三角钱,你看看这一次我捞多少!"

我说:"那么,大伙计,你拦头有多少! 全船皆得你,难道也是二百四十吊一年吗?"

那一个名为七老的说:"我弄船上行,两块六角钱一次,下行吃

白饭！"

"那么,小伙计,你呢？我看你手脚还生疏得很！你昨天差点儿淹坏了,得多吃多喝,把骨头长结实一点点！"

小子听我批评到他的能力就只干笑。掌舵的代他说话：

"先生要你多吃多喝,你不听到吗？这小子看他虽长得同一块发糕一样,其实就只能吃能喝,撒篙子拉纤全不在行！"

"多少钱一月？"我说。"一块钱一月,是不是？"

那个小水手自己笑着开了口,"多少钱一月？十个铜子一天——×他的娘。天气多坏！"

我在心中打了一下算盘,掌舵的八分钱一天,拦头的一角三分一天,小伙计一分二厘一天。在这个数目下,不问天气如何,这些人莫不皆得从天明起始到天黑为止,做他应分做的事情。遇应当下水时,便即刻跳入水中去。遇应当到滩石上爬行时,也毫不推辞即刻前去。在能用气力时,这些人就毫不吝惜气力打发了每个日子,人老了,或大六月发痧下痢,躺在空船里或太阳下死掉了,一生也就算完事了。这条河中至少有十万个这样过日子的人。想起了这件事情,我轻轻地吁了一口气。

"掌舵的,你在这条河里划了几年船？"

"我今年53,16岁就到了船上。"

37年的经验,七百里路的河道,水涨水落河道的变迁,多少滩,多少潭,多少码头,多少石头——是的,凡是那些较大的知名的石头,这个人就无一不能够很清楚地举出它们的名称和故事！划了37年的船,还只是孤身一人,把经验与气力每天作八分钱出卖,来在这水上漂泊,这个古怪的人！

"拦头的大伙计,你呢？你划了几年船？"

"我照老法子算今年31岁,在船上五年,在军队里也5年。我是个逃兵,7月里才从贵州开小差回来的！"

这水手结实硬朗处,倒真配作一个兵。那分粗野爽朗处也很像

个兵。掌舵的水手人老了,眼睛发花,已不能如年轻人那么手脚灵便,小水手年龄又太小了一点,一切事皆不在行,全船最重要的人物就是他。昨天小船上滩,小水手换篙较慢,被篙子弹入急流里去时,他却一手支持篙子,还能一手把那个小水手捞住,援助上船。上了船后那小子又惊又气,全身湿淋淋的,抱定桅子荷荷大哭。他一面笑骂着种种野话,一面却赶快脱了棉衣单裤给小水手替换。在这小船上他这个人脾气似乎特别大,但可爱处也就似乎特别多。

想起小水手掉到水中被援起以后的样子,以及那个年纪大一点的脱下了裤子给他掉换,光着个下身在空气里弄船的神气,我心中充满了不可言说的感情。我向小水手带笑说:"小伙计,你呢?"

那个拦头的水手就笑着说:"他吗?只会吃只会哭,做错了事骂两句,还会说点蠢话:'你欺侮我,我用刀子同你拼命!'拿你刀子来切我的××,老子还不见过刀子,怕你!"

小水手说:"老子哭你也管不着!"

拦头的水手说:"不管你,你还会有命!落了水爬起来,有什么可哭?我不脱下衣来,先生不给你毯子,不冷死你!十五六岁了的人,命好早×出了孩子,动不动就哭,不害羞!"

正说着,邻船上有水手很快乐地用女人窄嗓子唱起曲子,晃着一个火把,上了岸,往半山吊脚楼取乐去了。

我说:"大伙计,你是不是也想上岸去玩玩?要去就去,我这里有的是零钱。要几角钱?你太累了,我请客!"

掌舵的老水手听说我请客,赶忙在旁打边鼓儿说:"七老,你去,先生请客你就去,两吊钱先生出得起!"

他妩媚地咕咕笑着。我知道那是什么意思,就取了值四吊钱的五角钞票递给他。小水手笑乐着为他把做火炬的废绳燃些。于是推开了篷,这个人就被两个水手推上了岸,也摇晃着个火把,爬上高坎到吊脚楼地方取乐去了。

人走去后,掌舵的水手方把这个人的身世为我详细说出来。原

来这个人的履历上,还有 11 个月土匪的经验应当添注上去。这个人大白天一面弄船一面吼着说:"老子要死了,老子要做土匪去了。"种种独白的理由,我方完全明白了。

我心中以为这个人既到了河街吊脚楼,若不是同那些宽脸大奶子女人在床上去胡闹,必又坐到火炉边,夹杂在一群划船人中间向火,嚼花生或剥酸柚子吃。那河街照例有屠户,有油盐店,有烟馆,有小客店,还有许多妇人提起竹篾织就的圆烘笼烤手,一见到年青水手就做眉做眼。还有妇女年纪大些的,鼻梁根扯得通红,太阳穴贴上了膏药,做丑事毫不以为可羞。看中了某一个结实年青的水手时,只要那水手不讨厌她,还会提了家养母鸡送给水手!那些水手胡闹到半夜里回到船上,把缚着脚的母鸡,向舱里同伴热被上抛去,一些在睡梦里被惊醒的同伴,就会喃喃地骂着,"溜子,溜子,你一条××换一只母鸡,老子明早天一亮用刀割了你!"于是各个臭被一角皆起了咕咕的笑声。……

我还正在那个拦头水手行为上,思索到一个可笑的问题,不知道他那么上岸去,由他说来,究竟得到了些什么好处。可是他却出我意料以外,上岸不久又下了河,回到小船上来了。小船上掌舵水手正点了个小油灯,薄薄灯光照着那水手的快乐脸孔。掌舵的向他说:

"七老,怎么的,你就回来了,不同婊子过夜!"

小水手也向他说了一句野话,那小子只把头摇着且微笑着,赶忙解下了他那根腰带。原来他棉袄里藏了一大堆橘子,腰带一解,橘子便在舱板上各处滚去。问他为什么得了那么多橘子,方知道他虽上了岸,却并不胡闹,只到河街上打了个转,在一个小铺子里坐了一会儿,见有橘子卖,知道我喜欢吃橘子,就把钱全买了橘子带回来了。

我见着他那很有意思的微笑,我知道他这时所做的事,对于他自己感觉如何愉快,我便笑将起来,不说什么了。四个人剥橘子吃时,我要他告诉我十一个月做土匪的生活,有些什么可说的事情,让我听听。他就一直把他的故事说到 12 点钟。我真像读了一本内容

十分新奇的教科书。

天气如所希望的终于放晴了,我同这几个水手在这只小船上已经过了12个日子。

天既放晴后,小船快要到目的地时,坐在船舱中一角,瞻望澄碧无尽的长流,使我发生无限感慨。16年以前,河岸两旁黛色庞大石头上,依然是在这样晴朗冬天里,有野莺与画眉鸟从山谷中竹篁里飞出来,在石头上晒太阳,悠然自得地啭唱悦耳的曲子,直到有船近身时,又方始一齐向竹林中飞去。16年来竹林里的鸟雀,那分从容处,犹如往日一个样子,水面划船人愚蠢朴质勇敢耐劳处,也还相去不远。但这个民族,在这一堆长长日子里,为内战、毒物、饥馑、水灾,如何向堕落与灭亡大路走去。一切人生活习惯,又如何在巨大压力下失去了它原来的淳朴型范,形成一种难于设想的模式!

小船到达我水行的终点浦市时,约在下午四点钟左右。这个经过昔日的繁荣而衰败了多年的码头,30年前是这个地方繁荣达到顶点的时代。十五年前地方业已大大衰落,那时节沿河长街的油坊,尚常有三两千新油篓晒在太阳下,沿河七个用青石做成的码头,有一半还停泊了结实高大四橹五舱运油船。此外船只多从下游运来淮盐,布匹,花纱,以及川黔边区所需的洋广杂货。川黔边境由旱路运来的朱砂,水银,苎麻,五棓子,莫不在此交货转载。木材浮江而下时,常常半个河面皆是那种大木筏。本地市面则出炮仗,出印花布,出肥人,出肥猪。河面既异常宽平,码头又特别干净整齐,虽从那些大商号里,寺庙里,都可见出这个商埠在日趋于衰颓,然而一个旅行者来到此地时,一切规模总仍然可得到一个极其动人的印象!街市尽头河下游为一长潭,河上游为一小滩,每当黄昏薄暮,落日沉入大地,天上暮云为落日余晖所烘炙,剩余一片深紫时,大帮货船从上而下,摇船人泊船近岸,在充满了薄雾的河面,浮荡的催橹歌声,又正是一种如何壮丽稀有的歌声!

如今小船到了这个地方后,看看沿河各码头,早已破烂不堪。

小船泊定的一个码头，一共有 12 只船，除了有一只船载运了方柱形毛铁，一只船载辰溪烟煤，正在那里发签起货外，其他船只似乎已停泊了多日，无货可载。有七只船还在小桅上或竹篙上，悬了一个用竹缆编成的圆圈，作为"此船出卖"的标志。

小船上掌艄水手同拦头水手全上岸去了，只留下小水手守船，我想乘天气还不曾断黑，到长街上去看看这一切衰败了的地方，是不是商店中还能有个把肥胖子。一到街口却碰着了那两个水手，正同个骨瘦如柴的长人在一个商店门前相骂。问问旁人是什么事情，方知道这长子原来是个屠户，争吵的原因只是对于所买的货物分量轻重有所争持。看到他们那么气急败坏大声吵骂无个了结，我就不再走过去了。

下船时，我一个人坐在那小小船只空舱里让黄昏来临，心中只想着一件古怪事情：

"浦市地方屠户也那么瘦了，是谁的责任？希望到这个地面上，还有一群精悍结实的青年，来驾驭钢铁征服自然，这责任应当归谁？"一时自然不会得到任何结论。

 # 卖哨子的男孩儿

那个春天的下午，我们是怎么走进儿童公园的，实在已经想不起来了。只记得我们一共有六七个人吧，坐在草坪上，开始玩一种好多好多年前，在幼儿园里玩过的游戏：丢手帕。

我们玩得很开心。就像是一群真正的孩子。

陆续有一些孩子走过来看,我们就热情地邀他们加入,他们立即坐在了我们中间,渐渐成了一个十几个人的大圈,热闹非常。

这当儿,来了一个卖哨子的小男孩,十二三岁的样子,斜背着一个旧挎包,手中拿着一个哨子。他本来应该是在这公园里边走边吹哨子,做他的买卖的,可这会儿,他只是呆呆地站在我们旁边,无比艳羡地看着我们,看着那些红苹果一般可爱的孩子。

正玩着的同伴回头看见他,便对他说:快来一起玩啊!

他的眼神一亮,脸上立刻开出一朵大大的花来,把手中的哨子往包里一塞,就坐到了我们中间,同我们一起大唱起来:丢手帕,丢手帕,轻轻地把它丢到小朋友的后面,大家不要告诉他……

他唱得那么快乐,那么卖力,那么全心全意。

当时我们还规定了:如果有谁输了两次,那就要给所有人各买一根棒冰。

于是,当我们之中的一位又去买来棒冰分发的时候,有人开玩笑地对那个卖哨子的小男孩说:你已经输过一次了,如果你再输,也要按罚的哦!

男孩子愣了愣,旋即又笑了:行!我送你们每人一个哨子!

他说着,大大地咬了一口棒冰,脸上全是开心的笑意。

这时,走来了另一个背着旧挎包,拿着哨子的男孩,站在圈子外面冲那个正开心做着游戏的男孩喊了句什么——大约是叫他去干活吧。

坐在草坪上的男孩子,把挎包背好,冲他的同伴挥挥手,摇了摇头,说:一会儿再说吧!他的口气毋庸置疑。

他的同伴,一个比他大不了一丁点儿的男孩子,满脸迷惘地瞅了他一会儿,慢慢地转身走了,一边走,一边吹着他手中为他招徕生意的口哨,发出种种鸟鸣般婉转的声音。

草坪上的男孩也有一时的愣神。我们的游戏这时都停了下来,只是看他。他回过神来,看看我们,问道:不玩了吗?再玩一会儿吧。

我们又玩了起来。可是,也许是因为已经玩够了,也许是因为

刚才那小插曲,大家都有些没意思起来。而小孩们也陆续地被他们的家长叫回去了。只有那个卖哨子的小男孩,仍然是起劲地唱着,跑着,笑着,终于也察觉到了情形的异样,渐渐地沉默下来。

便有人说了一句:不玩了吧,该走了。

大家便也停下来,只有那小男孩,愣愣地坐着,眼光里有着一种奇怪的悲伤。

就在大家开始散去的时候,小男孩忽然从包里取出一把哨子,硬要塞给我们每人一个。

当然没有人肯收下。大家都说:开玩笑的,怎么好拿你的哨子,你还要卖呢!说着,大家便都走了。

走出几步,回头去看时,那小男孩正一个人站在草坪上,拿着一把哨子,愣愣地,不知在想些什么。

蓦地,他把一个哨子放在口中,无比响亮地吹了一下,然后大声地吆喝了一声:"卖哨子啊——"

无端地,我觉得那声音有些凄凉。

我想我们也许应该接受他的哨子。然而,又是什么让我们拒绝了这个最真诚的馈赠呢?

卖哨子的小男孩:背着他的旧挎包,吹着他的哨子,渐渐走远了……

新结识的伙伴

文 阎纯德

一个星期天下午,阳光和煦,春风徐徐,我在巴黎东方语言学院

前边一个小公园散步。

这地方,我常逗留,每次上课前,都要在这里蹓跶。

公园里,有清洁的长椅,松软的沙坑,一片四季常绿的草地和许多杂花杂树。有太阳的时候,尤其是下午,常聚集许多妇女,她们推着轻便的小车,把孩子们送到这里,于是沙坑里,堆满了玩土的孩子,妇女们便坐在长椅上看书读报,稍大的孩子在那片草地上愉快地踢足球。也有男女学生在这里学习功课,准备上课或考试。

这个小公共场所虽不很幽静,但却十分清洁。地上,你看不到纸屑和果皮,更没有人随地吐痰。孩子们从小养成了卫生习惯,都知道把果皮一类脏物投入园里的果皮箱或放在自己的玩具筒内带回家去,而不随手乱扔。

这一天,有九个十岁左右的孩子在踢足球。人不多,分两个阵营,一攻一守。两个小守门员猫着腰,叉着腿,全神贯注地盯着到处滚动的小球。我坐在长椅上,欣赏他们紧张的比赛,成了这场较量的唯一观众。踢到好处,我报以掌声,喊一声好,有时他们也朝我笑笑,做个鬼脸。这两队劲旅力量悬殊,少一人的一方已经输了几个球,于是嚷起来:"不行!不能算输!你们人多,我们人少怎么行?"其中一个孩子同别的孩子嘀咕了几句之后,就跑到我面前,问道:"呃!先生,你会踢球吗?"

"不会踢!会看。"

"好!我们就是要找个不会踢的大人。你看,他们少一个人,我们赢了,就不承认。你参加那一队吧。"

孩子们恳求了半天,为了成全他们,于是我脱下夹大衣,穿着西装和皮鞋参加了这场"国际比赛"。孩子们高兴得像小鸟一样叫起来,直说:"谢谢!"

周围的人看到我们踢得挺热闹,也凑过来,站在那里看。只是我真的不会踢,有时把小球踢得像一颗迫击炮弹一样飞上天去,引起我同队的伙伴不满,直嚷:"唉!先生,你的劲太大了……"

不计时的比赛总算结束了。我们只输了一个球,好在我没有给同伙造成更大的失利,所以孩子们都跑过来握我的手,表示感谢。最可爱的是那胖胖的守门员,由于他多次扑球救球,在地上不知滚了多少次,弄得身上脸上都是土,又经过汗水的搅拌,土变成了泥,那张天真的小花脸,十分生动,逗人喜爱。

我问学校是否有场地踢球,他们说有,但是学生多,捣乱的多,不能正式比赛,所以常约爱好者到这公园来;还说他们准备组织一个塞纳河足球队,练兵八年,战取世界冠军。他们又问:"中国的小朋友喜欢足球吗?"我说:"喜欢,也有足球迷啊!你们是不是看过伊文斯·罗丽丹拍的《愚公移山》?"那个守门员小胖子没等我说完就抢过去说:"看过!是和妈妈一块去的。我们在拉丁区排了半天队才买到票。啊,那天看《球的故事》,有意思极了。我当时高兴得真想跳上去踢它几脚……"

"能和中国小朋友通信吗?"一个又问。

"为什么不能!"我笑着回答。这时他们都更活跃了。

"好!我们写信,请他们星期天来和我们塞纳河队比赛……"

"保尔,我不信,这不可能!北京离巴黎好远呢!"

"不远!我妈妈去过中国。她说坐飞机十几小时就可以了,快得很哪!"

"那我们还得学中国话呢!"这时保尔凑到我跟前问,"中文难学吗,先生?……"

"不难!"没等我开口,小胖接过去说,"我妈妈还学呢!她买了许多学习中文的唱片;还说也要我学,将来好去看万里长城……"

"先生,你教我们吧!每星期天下午,两点到这里,先学中文,然后踢球。我们人不够,你也算我们塞纳河队的队员。"

"这对我说来,可是一个荣誉。谢谢你们……"

接着,在草坪上我给他们上了第一堂中文课,每张天真烂漫的小脸蛋上,都流露出认真、希望的神情。

要分别了,他们争先恐后地用中国话说:"再见!"于是在我的学生中,又增加了几名最年轻的法国学生。他们纯洁的心灵里,洋溢着朴素的友情。这些活泼的孩子,怀念着远方的中国小朋友。孩子的感情使我感受着一种春日的暖意,像这刚来不久的春天一样美好。

爷爷和偷诗的小丫头

文 聂华苓

爷爷是个诗人,没留下诗,喜欢做官,一辈子没做过官。有过几个相好的,但始终只有我奶奶。奶奶1935年夏天突然去世,爷爷坚持和孝子一起守灵。爷爷是晚清秀才,坐轿子上任当知县,武昌起义,革命成功了,轿子半路打道回乡,埋怨了一辈子。他捧着小宜兴茶壶咕噜:革命?这叫什么革命?城里扔几百个电灯泡当炸弹,说是武昌城里炸弹响了,城外的炮兵马上响应打炮,革命就成功了。革命又有什么用?民犹是也,国犹是也。革了命,剪了辫子,男不男,女不女。说话也不成体统,男女不分,长幼不分,统统叫同胞?我和我儿子是同胞?我和我孙子是同胞?哎?

爷爷脾气暴躁,聂家的人,上上下下全怕他,见到他,都不吭声。尤其是我爹,爷爷咚咚走来了,他就蹿进母亲房里去了。有一次,他躲不了,爷爷和他说话,说着说着,就举起拐杖追着他跑。我爹当时已经是做官的人了。灵巧的母亲倒是不怕爷爷。她察言观色,该顺他的,就顺,不该顺他的,对他讲道理,也可以把他说得服服帖帖的。

奶奶小个头,细声细气,轻手轻脚,好像总怕惊动了人。奶奶有一双缠了又缠的小脚,不声不响走过来,一转头,才知道她在你背

后,笑眯眯望着你。奶奶房里有一个重大的雕花木钱柜,上着一把大铁锁。家中的日常开销,两个媳妇一人20块大洋的月份钱,厨师、奶妈、女仆、男仆的工钱,都是奶奶从那钱柜里拿出来的。姑妈带着孩子们从武昌来了,奶奶从袄子内兜里摸出来塞给她的钱,也是从那雕花木柜里拿出来的。不论家里遭受什么变故,奶奶永远静悄悄的。风和日暖。福也好,祸也好,日子自有它不变的规律。奶奶是我们家的主心骨,她以柔韧稳定了家里暗中躁动的不安。爷爷是火,奶奶是水,水火竟能相容。从没听见他对奶奶说过一句重话。爷爷在外面有相好,奶奶明明知道,也不露声色。

1912—1914年,爷爷在北京教书,奶奶留在武汉。爷爷在北京有一个旗人相好。1915年,袁世凯恢复帝制,登基做皇帝,爷爷正在北京,和那旗人同居,生了一个女儿。春风得意,提起笔来写了篇洋洋洒洒的文章,批评袁世凯登基。那还得了?那是个杀人不见血的年代。袁世凯下令通缉。我爹正在保定军校,知道了消息,赶到北京,半夜在爷爷相好家里找到他,带着爷爷溜出门,翻北京城墙逃走,不敢坐火车,父子俩徒步逃到保定。躲了一阵子,爹又送他回湖北应山乡下。爷爷愤愤不平,抱着水烟袋,走来走去骂:祸国殃民!凭什么要抓我?哎?我就不能说话?我就不服你卖国贼!

爷爷有话不能说,有气不能出,憋得生了一场大病。

那个旗人相好到处找爷爷。爷爷和奶奶在武汉。她来了一封信,奶奶收到了,拿给我爹看。信里说她为聂家生的女儿已经两岁了,要爷爷赶快去北京。奶奶把信毁了,没有给他,要爹寄了些钱去。从此他们就断绝了。爷爷在家里当然不提她,但对她还是很有情的。1931年,我们住在北京,爷爷去了,到处打听她的下落,没有找到她。现在在什么地方,也许还有着满汉混血的聂家子孙。

爷爷高兴就大笑,不高兴就大骂,你无从防备。儿子,孙子,一句话不对,他就举棍打来。他对孙女宽容一点儿。孙女是要泼出去的水,不必认真。我知道怎么对付爷爷,听见他呱嗒呱嗒的水烟袋响,我就跑,给他抓住了,要我临帖写9宫格的大字,就趴在桌上写吧。爷爷站在背后说:腕抬平,背挺直,笔上可以顶块石头。他要我读唐诗,背唐诗。管它懂不懂,就啃吧。一啃就记住了,背得朗朗上口。爷爷说:不懂,不要紧,以后就懂了。不是爷爷对我有期望,那是他的乐趣,像训练小哈巴狗一样。

爷爷有两个诗人朋友。他们来了,是家里最热闹的时候。他们在爷爷房里谈笑,吟诗,烧鸦片烟。爷爷的哈哈笑声震动全屋。我躲在门外,听他们大声吟诗。什么诗?我不懂,但我喜欢听,他们唱得有腔有调。原来书上的字还可以变成歌唱,你爱怎么唱,就怎么唱,好听就行了。他们不就是各唱各的调调儿吗?听着听着,一缕香味从门缝里飘出来。我从钥匙洞偷看,只见爷爷和一个客人,面对面斜躺在一叠花花绿绿软缎绣花被上。两人之间一盏玻璃罩古铜小油灯。爷爷用一根细细的铜扦,从古铜小杯里,挑起一滴糖浆样的鸦片,就着一闪一闪的小油灯,在一根手指头上滚呀滚的,滚成一颗棕色小珠子,嵌进长长的象牙嘴烟枪里,在小油灯上"叭叭"地抽。透点儿甜的烟香一丝丝飘来。小灯的火光,像天上的星星一样,闪呀闪的。

有一次,爷爷打开门,发现我在听他们吟诗,看他烧鸦片烟。我吓得拔脚飞跑。天哪,爷爷的棍子要打来了。只听见爷爷哈哈大笑,对房里朋友说:我抓住了一个偷诗的小丫头!

月下桨声

文 韩少功

雨后初晴,水面长出了长毛,有千丝万缕的白雾牵绕飞扬。我一头扎入浩荡碧水,感觉到肚皮和大腿内侧突然交给了冰凉。我远远看见几只野鸭,在雾气中不时出没,还有水面上浮来的一些草渣,是山上雨水成流以后带来的,一般需要三四天才能融化和消失。"哗"的一声,身旁冒出几圈水纹,肯定是刚才有一条鱼跃出了水面。

一条小船近了,船上一点红也近了,原来是一件红色上衣,穿在一个女孩身上。女孩在船边小心翼翼地放网,对面的船头上,一个更小的男孩撅着屁股在划桨。他们各忙各的,一言不发。

我已经多次在黄昏时分看见这条小船,还有小小年纪的两个渔夫。他们在远处忙碌,总是不说话,也不看我一眼。我想起静夜里经常听到的一线桨声,带着萤虫的闪烁光点飘入睡梦,莫非就是这一条船?

我在这里已经居住两年多,已经熟悉了张家和李家的孩子,熟悉了他们的笑脸、袋装零食以及沉重的书包,还有放学以后在公路上满身灰尘地追逐打闹。但我不认识船上的两张面孔。他们的家也许不在这附近。

妻子说过,有城里的客人要来了,得买点鱼才好。于是我朝着小船吆喝了一声:有鱼吗?

他们望了我一眼。

我是说,你们有鱼卖吗?大鱼小鱼都行。

他们仍未回话,隔了好半天,女孩朝这边摇了摇手。

我指了一下自己院子的方向:我就住在那里,有鱼就卖给我好吗?

他们没有反应,不知是没有听清楚,还是有什么为难之处。

也许他们年纪太小,还不会打鱼,没有什么可卖。要不,就是前一段人们已经把鱼打光了——他们是政府水管所雇来的民工,人多势众,拉开了大网,七八条船上都有木棒敲击着船舷,嘣嘣嘣,把鱼往设下拦网的水域赶,在水面上接连闹腾了好几个日夜。这叫做"赶湖"。有时半夜里我还能听到他们击鼓般地赶湖,敲出了三拍的欢乐,两拍的焦急,慢板的忧伤以及若有所思,还有切分音符的挑逗甚至浪荡……偶尔我还能听到水面上模模糊糊的吆喝和山歌。"第一先把父母孝,有老有少第二条,第三为人要周到……"如果我没有听错的话,这些久违的山歌,只有在夜里才偶尔鬼鬼祟祟地冒出来。

我后来去水管所买鱼。他们打来的鱼已用大卡车送到城里去了。但他们还有一点儿没收来的鱼,连同没收来的渔网。据说附近,有的农民偷偷违禁打鱼,有时还用密网,把小鱼也打了,严重破坏资源。

我的城里的客人来了,是大学里的一位系主任,带着妻小,驾着刚买的日本轿车,对这里的青山绿水大加赞美,一来就要划船和下水游泳,甚至还兴冲冲想光屁股裸泳。他说这里的水比哈尔滨的镜泊湖要好,比广西北海的银滩要好,比泰国的帕堤亚也要好,说出了一串旅游地的名字,显得见多识广。我知道,这些年很多学校属紧俏资源,高价招生,收入颇丰,连他这样的小头头也富得买车买房,还公费旅游了好多地方。

我们吃着鱼,说到有些农民用蓄电池打鱼,用密网打鱼。他痛心地说,农民就是觉悟低,一点儿环境保护意识也没有。

他还说来时汽车陷在一个坑里,请路边的农民帮着推一把,但农民抄着手,不给一百块钱就不动,如今的民风实在刁悍。

138

客人们走后的第二天,院子里一早就有持久的狗吠。大概是来了什么人。我来到院门口,发现正是那个红衣女孩站在门外,提着一只泥水糊糊的塑料袋,被狗吓得进退两难,赤裸着双脚在石板上留下水淋淋的脚印,脚踝还沾着一片草叶。

她是走错了地方还是有事相求?我愣了一下,好容易才记起了几天前我在水上的问购——我早把这件事忘记了。我接过她的塑料袋,发现里面有一二十条鱼,大的约莫半斤,小的只有指头那么粗,鲫鱼草鱼杂得有点不成样子。从她疲惫的神色来看,大概这就是他们忙了半个夜晚的收获。

我想起水管所干部说过的话,估计这女孩用的也是密网,没有放过小鱼,下手是有些嫌狠。但我没有说什么。我已经从邻居那里知道了他们的来历。他们是姐弟俩,住在十几里路以外的大山里面,只因为弟弟还欠了学校的学费,两人最近便借了条小船,每天晚上在这里打鱼。他们的父亲帮不上忙,因为穷得付不起医药费,一年前已经病逝。母亲也帮不上忙,据说不久前已经走失了——人们只知道她有点神志不清,曾经到过镇上一个亲戚家,然后就不知去了哪里,再也没有回家。

我收下了鱼。在完成这一交易的过程中,她始终拒绝坐下,也没有喝我妻子端来的茶。她似乎还怕狗咬,说话时总是看着狗,听我说狗并不咬人,还是怯怯不时朝桌下看一眼,一见狗有动静,赤裸的两脚就尽可能往椅子后面挪。

"你很怕狗吗?"我妻子问。

她不好意思地笑笑。

"你家没有养狗吗?"

她摇摇头。

"你喝茶。"

她点点头,仍然没有喝。

她提着塑料袋走了以后不久,不知什么时候,狗又叫了,窗外橘

红色一晃,是她急急地返回来,跑得有点气喘吁吁。

"对不起,刚才错了……"她大声说。

"错了什么?"

"你们把钱算错了。"

"不会错吧? 不是两斤四两吗?"

"真是错算了的。"

"刚才是你看的秤,是你报的价,你说多少就是多少,我并没有……"我觉得自己没有什么责任。

"不是,是你们多给了。"

我有点不明白。

她红着脸,说刚才回到船上,弟弟一听钱的数字,就一口咬定她算错了,肯定没有这么多钱。他们又算了一次,发现果然是多收了我们一块钱。为此弟弟很生气,要她赶快来退还。

我看着她沾着泥点的手,撩起橘红色衣襟,取出紧紧埋在腰间的一个布包,十分复杂地打开它,十分复杂地分拣布包中的大小纸票,心里有些过意不去。一块钱怎值得她这样急匆匆地赶来并且做出这么多复杂的动作? "也就是一块钱,你送鱼来,就算是你的脚力钱吧。"我说。

"不行不行……"她把头摇成了拨浪鼓。

"再说,我们以后还要找你买鱼的,一块钱就先存在你那里。"

"不行不行……"拨浪鼓还在摇。

"你们还会打鱼吧?"

"不一定。水管所不准我们下网了……"

"你弟弟的学费赚够了吗?"

"他不打算读了。"

"为什么?"

她没有回答,只是固执地要寻找一块钱。她的运气不好,小钞票凑不起一块钱。递来一张大钞票,我们又没有合适的散钱找补。

就这样你三我四你七我八地凑了好一阵,还是无法做到两清。我们最后满足她的要求,好歹收下了七角,但压着她不要再说了,就这样算了,你再说我们就不高兴了。

她做了什么亏心事似的,浑身不自在,犹犹豫豫地低头而去。

傍晚,我们从外面回家,发现院门前有一把葱。一位正在路边锄草的妇人说,一个穿红衣的姑娘来过了,见我们不在,就把葱留在门前。

不用说,这一大把葱就是她对鱼款的补偿。

妻子叹了口气,说如今什么世道,难得还有这样的诚实。她清出一个旧挎包,一支水笔,说可以拿去供红衣女孩的弟弟上学,说不定能替他们省下两个钱。但我再没有遇上红衣女孩,还有那个站在船头为她摇桨的弟弟。有一条小船近了,上面是一个家住附近的汉子,看上去比较眼熟。从他的口里,我得知最近水管所加强禁渔,姐弟俩的网已经被巡逻队收缴,他们就回到山里种田去了。他们是否凑足了弟弟的学费,弟弟是否还能继续读书,汉子对这一切并不知道。

人世间有很多事情我们并不知道,何况萍水相逢之际,我们有时候连对方的名字也不知道。

我说不出话来。

每天早上,我推开窗子,发现远处的水面上总有一叶或者两叶小船,像什么人无意中遗落了一两个发夹,轻轻地别在青山绿水之中。但那些船上没有一点红。每天晚上,我走在月光下的时候,偶尔听到竹林那边还有桨声,是一条小船均匀的足迹,在水面上洒出了月光的碎片,还有一个个梦境。但我依稀听得出桨声过于粗重,不是来自一个孩子的腕力。

我走出院门,来到水边,发现近处根本没有船。原来是月夜太静了,就删除了声音传递的距离,远和近的动静根本无法区别,比如刚才不过是晚风一吹,远在天边的桨声就翻过院墙,滚落在我家的

檐下阶前,七零八落的,引来小狗一次次寻找。它当然不会找到什么,鼻子抽缩着,叫了两声,回头看着我,眼里全是困惑。

我也不明白,是何处的桨声悠悠飘落到我家的墙根?

中国少女

文 陈丹燕

在一个炎热的夏夜,我陪一个美国中学生访华团到我母校参加晚会。虽然离开学校已经多年,但一看到我们曾贴满过大字报的红色围墙,少女时代的往事便纷纷涌来……

非常爱提问题的美国女孩纷纷问我:"中国少女怎样?"

"你们想象中怎样?"我问。

琼深思熟虑地说:"不说话,不笑,非常神秘,有人管着。是这样?"

"这的确是个谜,谜底自己去找吧。"我笑着说。

"哦,你真有趣!"她们都笑了,以为我在卖关子。她们真爱笑,露出一口洁白的牙。

晚会开始了,鼓掌,讲话。学校的小乐队放在操场尽头的一个平台上,那四周放着花,围着彩灯,还漆了黄色,差点就认不出来。那儿原本是防空洞出口。还是我当学生时候挖的呢,充满战争色彩。从前学校开大会,这儿也常当主席台什么的。

一个女孩在台上微笑地看着我们,剪平的头发在肩上飘拂,她开始唱歌:

有句话语，
就是关于小雨，
是否愿意与我同行，
漫步在小雨里。

声音很细，很纯，还完全是少女的声音，她脸红红的，微微歪着头，端端正正站着，垂下肩膀，有点含胸，绞着手指。她的眼睛蒙蒙眬眬，好像刚刚苏醒过来，不由自主地在幻想什么，向往什么，显得温柔极了。

我们四周许多女孩的眼睛里都出现了这表情，出神的样子。在她们中间，我看到一张虽然变老，但我不会忘记的脸，很敦实，紫红的脸膛，青青的下巴，我们的班主任！我的胃又不舒服了，不断蠕动。他平静地坐在那儿，而且还带着笑容。

在少女时代，在这儿当学生的时候，我也曾经感到有什么东西醒来了，心里轻轻骚动着，不知怎么的，就出神了。

那时候，我也很喜欢唱歌，女同学都喜欢唱歌。内心的骚动好像总迫使我们想张嘴唱歌，唱美的、舒缓的、情真意切的歌，而且那么容易就沉浸在歌的想象里。但那时候没有这种歌，我们从小就没有听到过这样的歌。那时候，大家都一窝蜂地去学唱《卖花姑娘》的歌，但心里感到不满足。

有一次，我找到一张《我的祖国》的歌纸。"一条大河波浪宽，风吹稻花香两岸。"那舒缓的、情真意切的歌一下子把大家吸引住了，全班的女生都像得了宝。

放学以后，大家都自动留下来，等男同学走光以后，我们用课桌顶上门，就开始唱歌。那时没有几个人识简谱，但却很快地凑出来了，不久，大家都会唱了，一个人没有比少女时代更容易学歌的了。

那时我们三三两两坐在课桌上，抱着膝盖，搭着肩，天上的云很白很白，天很蓝很蓝，风吹过，很轻，鸽子扑扑地扇着翅膀在天上飞，

非常美,还有我们的歌。我们好像去到朦胧而神秘的世界里,在那里我们都美丽异常,我们屏住呼吸,等待将要灿然出现的奇迹。

过了几天,早操时候,就在那平台上(那时还没有油漆,灰色的,非常难看),我们班主任向整个年级的男生和女生说:"我们现在有的女同学小资情调非常严重,放学不回家,躲在教室里唱旧歌曲,像野猫叫似的……"

后面的话我全没听见,只想到春天晚上醒来的时候,听过外面野猫凄厉的叫声,叫得令人十分厌恶。我很想吐,胃里不断蠕动着,嘴里一阵阵发酸。

后来,我们班上的女生再也没人唱歌了。我也不再想唱歌,心里那种朦朦胧胧的感觉一时全不见了。每当感到有什么东西要苏醒过来时,我再不会充满惶惑和喜悦地等待,而是厌恶地赶紧把它压下去,想到老师那句话,野猫叫似的!甚至总感到自己有点像个罪犯,野猫叫似的!

耳边一阵掌声,女孩唱完了,大家都使劲鼓掌。她张开嘴欢笑,点着头,还有点矜持。她穿着白衬衣,蜡染的蓝花裙子,长过膝,像一面崭新的旗帜。

我以后好像没有这样由衷而宁静地笑过,大大方方地站在许多人面前。我总感到自己很难看,不太干净,有时非常感伤,有时又非常粗暴,和人大声吵架,涨红脸,挥着拳,而且常常感到无聊,不知道用不完的精力该往哪儿打发。有次老师让我上平台去代表班上同学发个言,一共一张纸,我结结巴巴地念得连自己都听不懂,最后,还把"沿着社会主义大道奔向前"说成"沿着社会主义大道越奔越走"。在一片大笑和口哨声里逃下台来,大哭了一场。

不过,那种轻轻的、痒痒的骚动总不会消失,压久了,会爆发。终于到了那一年的冬天,为了帮老师开家长会,我和两个女孩留在学校里。

我们到对面小铺子里去吃饭,一边为自己已经可以像大人一

样,往家捎个信儿,就在外面为了公事不回家吃饭,得意不已。吃完饭回到学校,黄昏中的学校非常安静,灌木在暮色里飒飒作响,天空中绯红色的晚霞显得很温柔。我感到一种不可遏止的快乐和骚动。没法形容它,它那样迅速地弥漫到整个胸间,我说:"哎,我们来跳舞,怎样?"

她们都兴奋害羞地笑了起来,眼睛亮晶晶。

可我们什么舞都不会跳。

"我们来学白毛女逃出黄家时迈大步走路的样子。"我说。

于是,我们在大楼外面铺着梧桐落叶的小路上开始互相扶着,努力把脚伸直、抬高,然后再换一只脚。一开始,我们嘻嘻哈哈地笑,拼命使自己姿态优美。突然,我们在一扇玻璃门上看到自己,一举一动都难看,真的难看,僵直的,腿弯曲的,背也弓着。我们都很伤心,我们怎么会这样,不会任何一个舞蹈。

我在这学校度过了整个少女时代,压抑而且绵绵不断地在没歌没舞和想歌想舞里煎熬。

眼前闪过一片天蓝色的短裙,一群女孩在轻快的音乐声中跳起集体舞。据说这是体育课的一个项目。她们大都剪着整齐的短发。有个女孩头上别出心裁而且非常雅致地戴着两只深红葡萄发卡。她们娇柔而热情勃发地笑。在转动中,裙子不断飘拂,露出细长而结实健美的腿,她们的腿那样轻盈地迈动,我想到春天挺拔的白杨树。

这才是少女身上才会有的生命的美,青春伊始的美。

温文尔雅地一扭腰肢,大方热情地微微摆动腿,愉快地抬起脸来笑,像灿烂的星辰。

我身边的美国女孩们兴奋地大鼓其掌,用脚打拍子。

突然,少女们一个接一个跳到操场上来了,不知怎么的,很快地,整个操场都挤满了快乐起舞的人,五颜六色的衣裙,容光焕发的脸,这真是个奇妙的舞蹈,集儿童集体舞、交谊舞和迪斯科于一体,每个人都可以按自己喜欢的方式尽情跳。

眼前的景色,我想就是:青春好年华。

亮晶晶的汗珠沿着那个唱歌的女孩的面颊滚落,她转到我身旁。优雅地一抬手:"来跳吗?"

"不,"我向后退,"我不会,我有别的事。"她点点头,转向我旁边跃跃欲试的琼。她咯咯笑着和那女孩一块卷进了欢乐的人流。等她们转开的时候,我心里升起一阵失望和后悔的情绪,我也真想去跳跳啊!这简直是我们这一代韶华已逝的人们的夙愿。

我想起了很久以前看到过的一幅画:一个女人跪在河底,整个人都被水淹没了,但她双手托起了一个婴儿,那婴儿伸出双手举向岸上的树枝上的果子。我感到一阵战栗。

琼拉着那女孩跑来,向我大叫:"噢,陈!真太妙了!中国少女!请您帮忙翻译。"

"好的。"我说,心情复杂地看着她们红扑扑的脸。

"哦,你们真是太可爱了!"琼说。

"谢谢,你也很可爱。"那女孩笑着摸摸琼的脸。

"我在美国时听人说中国不属于自由世界,控制很严,不能随便说话,以致中国人难得笑一下。"琼耸耸肩,做不屑一谈的样子。

那女孩大声笑起来:"我天天都笑,还唱歌。"她看看我。

我问:"真的没人禁止吗?如果有人呢?"

那女孩轻快地说:"上星期我们学世界史,去看《列宁在十月》,斯大林说:我们不理睬他!哈!"

琼触触我手臂:"How open!"open(开朗,坦率,敞开,不受禁止),这真是个奇妙的词儿。

我笑着把琼的话告诉那女孩,心里好像有点发紧。我曾经是中国少女,她们现在正是中国少女,我感到一阵心酸,一阵欣慰。

 沙　　滩

文 废　名

　　站在史家庄的田坂当中望史家庄,史家庄是一个"青"庄。三面都是坝,坝脚下竹林这里一簇,那里一簇。村则沿坝有,屋背后又格外的可以算得是茂林。草更不用说,除了踏出来的路只见它在那里绿。站在史家庄的坝上,史家庄被水包住了,而这水并不是一样的宽阔,也并不处处是靠着坝流。每家有一个后门上坝,在这里河流最深,河与坝间一带草地,是最好玩的地方,河岸尽是垂杨。迤西,河渐宽,草地连着沙滩,一架木桥,到王家湾,到老儿铺,史家庄的女人洗衣都在此。

　　天气好极了,吃了早饭,琴子下河洗衣。

　　琴子真是一个可爱的姑娘,什么人也喜欢她。小林常说她"老者安之,少者怀之",虽是笑话,却是真心的评语。沙滩上有不少的孩子在那里"拣河壳",见了他们的琴姐,围拢来,要替琴姐提衣篮。琴子笑道:

　　"你们去拣你们的河壳,回头来都数给我,一个河壳一个钱。"

　　"姐姐替我们扎一个风筝!"

　　他们望见远远的天上有风筝。

　　"扎风筝,你们要什么样的风筝呢?"

　　"扎一个蜈蚣到天上飞。"一个孩子说。

　　"蜈蚣扎起来太大,你们放不了——就是你们许多一齐拉着线也拉不住它。"

琴子说着一眼看尽了他们。

"姐姐说扎什么就是什么。"

"我替你们扎一个蝴蝶。"

"就是蝴蝶！蝴蝶放得高高的,同真蝴蝶一样。"

一个孩子说：

"姐姐,你——你前回替我扎的球,昨天——昨天——昨天天黑的时候,我——我们在稻场上拍,我拍得那么高,拍到天上飞的蝙蝠中间去了！"

"哈哈,一口气说这么长。"

这孩子有点口吃,他以为是了不得的事,一句一句的对琴子说,其余的居然也一时都不作声让他说。

琴子来得比较晚,等她洗完了衣,别的洗衣的都回去了,剩下她一个人坐在沙上。她是脱了鞋坐在沙上晒——刚才没有留心给水溅湿了,而且坐着望去,觉得也很是新鲜。她看见了远处沙滩上的一个鹭鸶——并不能说是看见,她知道是一个鹭鸶。沙白得炫目,天与水也无一不是炫目,要她那样心境平和,才辨得出沙上是有东西在那里动。她想,此时此地真是鹭鸶之场,什么人的诗把鹭鸶用"静"字来形容,确也是对,不过似乎还没有说尽她的心意——这也就是说没有说尽鹭鸶。静物很多,鹞鹰也最静不过,鹭鸶与鹞鹰是怎样的不能说在一起！鹞鹰栖岩石,鹭鸶则踏步于这样的平沙。她听得沙响,有人来,掉头,是紫云阁的老尼姑。她本是双手抱住膝头,连忙穿鞋。老尼姑对她打招呼：

"姑娘,你在这里洗衣啊。"

"是的,师父过河吗？"

"是的。我才在姑娘家来,现在到王家湾去——这是你家奶奶打发我的米。"

尼姑说着把装米的布袋与手拄的棍子放下来,坐下去。

"哎哟,我也歇一歇。"

"师父该在我家多坐一坐,喝茶,有工夫就吃了午饭再去。"

"是的,我坐了好大一会儿,奶奶泡了炒米我吃——此刻就要去。我喜欢同姑娘坐坐谈谈。"

琴子看了老尼的棍子横在沙上,起一种虔敬之感。

"姑娘呵,像我们这样的人是打到了十八层地狱——比如这个棍子,就好比是一个讨米棍。"

这越发叫琴子有一点儿肃然。

"师父不要这样说。"

这个尼姑无论见了什么人,尤其是年轻的姑娘,总是述说她的一套故事,紫云阁附近的村庄差不多没有人不晓得这套故事,然而她还是说。她请琴子有工夫到她庙里去玩玩,接着道:

"我们修行人当中也有好人——"

一听这句,琴子知道了,但也虔敬地去听——

"从前有两个老人在一个庵里修行。原来只有老道姑一个人,一天一位七十多岁的老汉来进香,进了香,他讨茶喝,他接了茶,坐在菩萨面前喝,坐在拜席上喝——姑娘,修行人总要热心热肠才好,我们庙里,进香的问我讨茶,没有茶我也要重新去烧一点儿茶。"

歇了一会儿,问一问琴子的意见似的。

"是的。"琴子点一点头。

"他坐在拜席上喝。他叹气。好心肠的道姑问他还要不要茶,他不要。他说,'真星不恼白日,真心是松柏常青,世上唯有真字好。'道姑问他,'香客,你心里有什么事呢?我看你的样子心里有什么事。'姑娘,他就告诉好心肠的道姑,说他心里有事,说他走了一百五十里路,走了三天,走到这深山里来,他朝山拜庙,到了许多许多地方。"

说到许多许多四个字,伸手到沙上握住棍子,仿佛这样可以表示许多。倘若是庄上的别一个姑娘,一定一口气替尼姑把下文都说了,琴子还是听——

"他说他年轻的时候生得体面,娶一个丑媳妇,他不要他的媳妇,媳妇真心爱他,一日自己逃走了,让丈夫另外娶一个体面的。现在他七十多岁,哪里还讲体面二字,他只念他从前的'真心',他有数不尽的忏悔。"

说到这里也知道加重起语势了,说那老道姑就是那老汉的"真心",他们两人接着是如何的哭,两个老人从此一处修行。琴子倒忽略了老尼的用力,只不自觉地把那听到的结果幻成为一幕,有山,有庵堂,庵堂之内老人,老道姑……

尼姑说完也就算了,并没有丝毫意思问这套故事好不好。琴子慢慢的开言:

"师父还是回我家去喝茶,吃了饭再到王家湾去。"

"不,你家奶奶刚才也留了又留——回头再来。"

但也还不立刻起来,两人暂时的望着河,河水如可喝,琴子一定上前去捧一掌敬奉老尼。

老尼拄着棍,背着袋,一步一探地走过了桥,琴子提衣篮回家。